# 琉球歴女の琉球戦国キャラクター図鑑

イラスト・文
和々・澪之助

ボーダーインク

# 誰も成し得なかったこと
## 俺はただ、従うだけだ
### 運命なんて、自分で切り開くもんなんだよ

## 琉球歴女たちの、めくるめく琉球史ワールドへようこそ！

　南の海にぽっかり浮かぶ島じま・沖縄には、かつて琉球王国という、波瀾万丈な歴史をもつ王国がありました。東アジアに拡がる海を渡り、中国をはじめとする様々な国と交易をし、1300年代から1500年代にかけて絶頂期を迎えました。

　琉球王国が誕生し飛躍するなかで、たくさんのヒーロー、ヒロインがこの島を舞台に活躍しました。それは琉球の戦国時代。みなさんが知らない魅力的な人物がたくさんいたのです。

　歴史は、いろんな解釈、妄想ができる、ファンタジーワールドです。
　そして琉球史は、キラキラ輝くキャラクターの宝庫なのです。
　"琉球史をとことん楽しむ"がモットーの琉球歴女たちが、今までとはまったく違う女子目線で、琉球史の新しい人物像にアプローチしました！

**琉球史の英雄たちをキャラクター化！**

**テーマは、全員イケメン、キラキラ男子！**

**可愛い綺麗な、キラキラ女子！**

**歴史の舞台になる沖縄のグスク、御嶽、遺跡、刀の数々を擬人化！**

を俺はしてみせよう！
この命がどうなろうと
天の定めに従うまでよ！

## この本の特徴

　この本は、琉球史の人物たちを、歴女目線でキラキラにキャラクター化した、琉球史上初のキャラクター図鑑です。

**各キャラは琉球歴女目線に基づいて、**
**現代イケメン風にアレンジしてお届けしています。**
髪型や服装もこれまでの琉装スタイルにとらわれず、自由にアレンジしています。でも歴史的モチーフや人物エピソードに基づいたデザインも入っているので、探してみてくださいね。

**キャラクターの性格などの人物設定は、**
**伝承や史料に基づいた作者の想像・妄想！？です。**
キャラクターの頁には作者が考えた人物設定や思い入れが書かれています。描かれたイラストの背景を想像して楽んでください。

**同じ人物を、ふたりの作者がそれぞれ描いていたりします。**
例えば「尚巴志」でも和々バージョンと澪之助バージョンがあるということです。どちらが正しいのか、ではなくて、こんな解釈もアリなんだ、自分はどっちが好みかな、自分だったらどうイメージするかな？と楽しんでください。

**史跡など、さまざまなモノを擬人化しています。**
この本では実在の人物だけでなく、グスクや御嶽、文化財などを擬人化してみました。もととなった場所・ものも紹介しているので、気に入ったキャラクターがいれば、ぜひ本物も見に行ってくださいね。

**「現代版組踊」の活動を紹介しています。**
私たち琉球歴女を琉球史の世界にいざなってくれた「現代版組踊」の取り組みを、舞台レポートなどで紹介しています。

## 琉球歴女・和々からひとこと

皆さんこんにちは！"琉球史をとことん楽しむ"をモットーに活動している"琉球歴女"和々です。日々、ネットやイラストを通して、琉球史の魅力を発信しています。

私は2012年にボーダーインクから発行された『琉球戦国列伝』（上里隆史著）で、イラストを担当しました。その本では琉球史の人物たちを、資料に基づいたイラストでわかりやすく説明するという目的があったため、なかにはあえてワルっぽく、もしくはかっこわるく描いた人物もいました。

でも歴史上の人物のイメージは、誰がどう評価するかで、がらりと変わります。つまりこれが正しいのだという人物像は、本当はないのです。正解は一つではないのです。

そこで今回、琉球歴女仲間の澪之助を新たにイラストレーターに加えて、自由な発想で、新しいキラキラ琉球史のキャラクターを描いてみました。

これまでとはひと味違う、新しい人物像にアプローチできたのではないかと思います。

では、めくるめく、キラキラ琉球史ワールドをお楽しみ下さい！

special thanks　現代版組踊協議会・平田大一さん

| | |
|---|---|
| 琉球歴女たちの、めくるめく琉球史ワールドへようこそ！ ……… | 2 |
| この本の特徴 ……………………… | 3 |
| 琉球歴女・和々からひとこと ……… | 4 |
| キラキラ人物伝［通史］ ………… | 6 |

## キラキラ人物伝

| | |
|---|---|
| 察度（さっと） ………………… | 10 |
| 亜蘭匏（あらんぽう） ………… | 13 |
| 泰期（たいき） ………………… | 14 |
| 尚巴志（しょうはし） ………… | 18 |
| 懐機（かいき） ………………… | 22 |
| 攀安知（はんあんち） ………… | 26 |
| 本部平原（もとぶていばら） … | 30 |
| 他魯毎（たるみい） …………… | 34 |
| 護佐丸（ごさまる） …………… | 38 |
| 盛親（せいしん） ……………… | 41 |
| 金丸（かなまる）［尚円（しょうえん）］ | 42 |
| 御茶当真五郎（うちゃたいまごろう） | 45 |
| 阿麻和利（あまわり） ………… | 46 |
| 茂知附按司（もちづきあじ） … | 49 |
| 百十踏揚（ももとふみあがり） … | 50 |
| 大城賢雄（うふぐしくけんゆう） … | 54 |
| 賢休・賢鷹（けんきゅう・けんよう） | 57 |
| 尚徳（しょうとく） …………… | 58 |
| 安里大親（あさとうふや） …… | 61 |
| オギヤカ ………………………… | 62 |
| 尚宣威（しょうせんい） ……… | 65 |
| 尚真（しょうしん） …………… | 66 |
| 芥隠（かいいん） ……………… | 69 |
| オヤケアカハチ ………………… | 70 |
| 仲宗根豊見親（なかそねとぅゆみや） | 71 |
| 笠末若茶良（がさしわかちゃら） … | 72 |
| 糠中城（ぬかなかぐすく） …… | 73 |
| 守知（しゅち） ………………… | 74 |

## キラキラ擬人化

| | |
|---|---|
| アマミキヨ・シネリキヨ ……… | 76 |
| キンマムン ……………………… | 77 |
| 琉球七御嶽（りゅうきゅうななうたき） | 78 |
| 佐敷（さしき）グスク ………… | 80 |
| 島添大里（しまぞえおおざと）グスク | 81 |
| 浦添（うらそえ）グスク ……… | 82 |

| | |
|---|---|
| 安慶名（あげな）グスク ……… | 83 |
| 越来（ごえく）グスク ………… | 84 |
| 名護（なん）グスク …………… | 85 |
| 伊是名（いぜな）グスク ……… | 86 |
| 中山門・守礼門（ちゅうざんもん・しゅれいもん） … | 87 |
| 龍樋（りゅうひ） ……………… | 88 |
| 森の川（もりのかわ） ………… | 89 |
| 長虹堤（ちょうこうてい） …… | 90 |
| 今帰仁のハンタ道（なきじんのはんたみち） … | 91 |
| 進貢船（しんこうせん） ……… | 92 |
| 千代金丸（ちよがねまる） …… | 93 |
| 治金丸（じがねまる） ………… | 94 |
| 北谷菜切（ちゃたんなーちりー）… | 95 |

## ゆんたくコラム

| | |
|---|---|
| 残波岬と泰期像 ………………… | 17 |
| 王さまたちの、異常出生秘話集… | 21 |
| 龍潭池　福州園 ………………… | 25 |
| 喜屋武久殿 ……………………… | 29 |
| 志慶真城郭 in 今帰仁グスク … | 33 |
| 嘉手志川　山巓毛と他魯毎の墓 … | 37 |
| 尚泰久について ………………… | 53 |
| ちょっとへぇー！な南山王の系譜 … | 75 |
| 彼女はツンデレ ………………… | 96 |

## あなたは〈現代版組踊〉を知っていますか？

| | |
|---|---|
| | 97 |
| 〈現代版組踊〉団体紹介！ ……… | 98 |
| 〈現代版組踊〉を楽しむためのイロハ | 99 |
| 舞台観劇レポ | |
| 　肝高の阿麻和利 ……………… | 100 |
| 　百十〜MOMOTO〜 …………… | 102 |
| 　北山の風〜今帰仁城風雲録〜 … | 104 |
| 　月光の按司〜ガサシワカチャラ〜 | 106 |

座談会
だから、〈現代版組踊〉はやめられない！ ……………………… 108

この本の時代の歴史相関図・年表… 116
琉球歴女・澪之助のあとがき ……… 120

# キラキラ人物伝〔通史〕 ～1100頃

むかしむかし、沖縄の人々は海や山で魚や動植物をとって暮らしていました。1100年代に農耕が始まると、集団をまとめる「按司」と呼ばれるリーダーが登場します。

按司たちはグスクを築き、縄張り争いがおこるようになりました。グスク時代の始まりです。

## 1300年代

しだいに沖縄の島は三つの勢力にまとまります。北部の北山、中部の中山、南部の南山です。

三山にはそれぞれ王様がいて、天下を狙って争っていました。

この時代を三山時代と言います。

1372年、中山王・察度の弟、泰期が初めて超大国の明（中国）の皇帝のもと行き、正式にお付き合いを始めました。

中国からは高価な品々が琉球にもたらされたことから、北山、南山も競って中国へ行き、貿易合戦も始まりました。

# 1400年代

最終的に天下をとったのは…実は三山の王ではなく、南山の小さな按司にすぎなかった佐敷の尚巴志でした。
　尚巴志はまず南山最強と言われていた島添大里按司を倒し、さらに中山王の武寧まで倒して父を新たな中山王につけました（第一尚氏王朝）。そして北山王の攀安知、南山王の他魯毎を滅ぼし、1429年、ついに三山を統一し「琉球王国」を打ち立てます。

# 1450年代

　尚巴志の死後、次の王様がたて続けに亡くなったり、王位継承争いが起こるなどして王朝の力が揺らぎ始めます。
　そんな中、思わぬかたちで王になったのが尚巴志の七男の尚泰久でした。

　一方、勝連では阿麻和利が力をつけていました。
　尚泰久は阿麻和利を警戒して、娘の百十踏揚と阿麻和利を結婚させました。
　また、尚巴志の代から仕えていた大ベテラン按司の護佐丸を中城グスクに配置し、阿麻和利に備えていました。

キラキラ人物伝／通史

1458年、天下を自分のものにしたいと思っていた阿麻和利は行動を起こします。尚泰久に「護佐丸が謀反をたくらんでいます」とウソの告げ口をしたのです。
驚いた尚泰久は阿麻和利に護佐丸討伐を命じ、攻められた護佐丸は中城グスクで無念の最期をとげます。

最大のライバル護佐丸を倒した阿麻和利は、次に首里を攻めようとしますが、百十踏揚のボディーガード大城賢雄がこの動きに気付きます。
賢雄は百十踏揚をつれて勝連グスクを脱出。話を聞いた尚泰久は賢雄に阿麻和利討伐を命じます。
勝連グスクで激しい戦いが行われ、ついに阿麻和利は賢雄によって倒されてしまいます。

# 1460年代

尚泰久が亡くなり、次に王様になった尚徳は強引な政治で家臣たちを困らせていました。
尚泰久から信頼されていた家臣の金丸は尚徳とたびたび対立していましたが、ついに王宮仕えを引退します。
ところが、その翌年の1469年、尚徳は謎の急死をするのです…。

# 1470年代

首里城で尚徳の子どもを次の王様にしようと話し合いが行われていた時、安里大親という一人の老人が立ち上がり「金丸こそが王にふさわしい！」と叫びました。するとその声に賛成する家臣たちが次々と立ち上がり、クーデターが起こりました。

こうして、第一尚氏王朝は終わりをつげたのです。

キラキラ人物伝／通史

家臣たちに推された金丸は「尚円」と名前を変えて新しい王様になりました（第二尚氏王朝）。

尚円が亡くなると、弟の尚宣威が次の王様になりましたが、尚円の妻・オギヤカはノロ（神女）に「尚宣威には王の資格がない」というお告げをさせます。ショックを受けた尚宣威は王様を辞め、オギヤカの息子・尚真が12歳で新しい王様になりました。

# 1500年代

オギヤカは若い尚真王の後ろ盾となって、絶大な権力をふるいました。

尚真王の時代には各地に住んでいた按司を首里に移住させ、より強力な政府を作りました。

そして尚真王から次の尚清王の時代にかけて、奄美から与那国島までの範囲を支配する王国へと拡大させていったのです。

そして500年の時をへて、英雄たちが、いまキラキラ蘇る！

# 察度 1321年～1396年

オレをなめてっと ケガするぜ？

### 察度ステータス
和々的

なめんなよ…★★★★★
近未来度…★★★★★
常識…★★
ハブ怖い…((((；゜Д゜)))

察度王統の初代の中山王。大謝名の奥間大親の子として生まれ、人望を得て浦添按司に。やがて王統最後の西威王から位を譲られ中山王となる。1372年、琉球で初めて明（中国）に入貢した。

キラキラ人物伝／ふたりの察度

思い立ったが
なんとやらって感じ？
…ちょっとめんどくさいけど

澪之助的 察度ステータス

マイペース度…★★★★★
すばやさ…★★
貿易力…★★★★

## 和々が考える察度

**THE サイボーグSATTTO ☆**

ハブに左腕をかまれてピンチになった時、家臣が自分の左腕を切って差し出したので付け替えたというぶっとびエピソードがある察度。よって、彼の左腕だけは色黒で毛深かったようです（なお、本気で怒ったら腕をロケットのように飛ばせることができるという都市伝説があるとかないとか）。

性格はけっこう強気な自信家。常識にとらわれず、思い立ったらすぐ行動！高嶺の花だった嫁さんをゲットできたのもその性格のおかげ☆

トレードマークは片方に寄せたツノヘアー。昔むかーし、琉球は鬼が住む島だったが、ある人が来て鬼の片方のツノを切り落としたそうな。後に鬼は人間となったが、以前の姿をなつかしんで残ったツノをまねて髪を結うようになったそうだよ（『琉球神道記』）…という話を元に、ツノっぽくアレンジしてみました。

## 澪之助が考える察度

実力と才能はあるけれど、自分から積極的に動くことはあまりせず、たいていのことには無関心。でも**やると決めたことは、とことんまでやり込みます**。その熱中度は寝食を忘れるほど。

褒められるのが好きで、おだてられると調子に乗りやすいタイプ。あまり調子に乗りすぎると暴走してしまうので、彼をアゲるときは注意と限度が必要かも（笑）。

ぼーっとした表情でいることが多く、その顔からはあまり感情が読み取れない。極度のものぐさで、キビキビ動くのが苦手。"弟"の泰期からよく注意されている。

どこかゆったりとした、少しだらしのないファッションはそんな性格から来ているのかも…。

趣味は釣り。農作業よりは釣りが好き。城下の水辺や海辺でよく目撃されている。金細工集めが好きで、新しい物をよく職人に頼んでいる。できあがるのを待っている間が特に楽しい。

# 亜蘭匏
《1300年代〜1400年代》

久米村の華人。中山王・察度の重臣として政権ナンバー2の「国相」に就任し、中山の外交・政治を支えた。

> この方法が、琉球にとって最善の道かと

キラキラ人物伝／亜蘭匏

## 和々が考える亜蘭匏

　亜蘭匏は中国貿易のサポート役として、泰期と一緒に何度も琉球と明国を行き来しています。時には嵐などの危険も共に味わったことでしょう。ゆえに、彼は察度にも仕えていますが、きっと察度よりも泰期の方に心を開いていたのかもしれません。
　実は泳げない…というのは国家機密。(一度おぼれかけて泰期に助けてもらったことがあるので、泰期だけは知っている（￣ー￣）ニヤリ)。

13

# 泰期(たいき)

1300年代中頃?

> この命がどうなろうと天の定めに従うまでよ！

和々的

## 泰期ステータス
- 度胸…★★★★★
- 運…★★★★★
- 商売センス…★★★★★
- 女っ気…★★

察度王の弟と伝わる。読谷山の宇座を本拠とし「宇座の泰期思い（宇座の泰期様）」と呼ばれた。1372年、察度の命により使者として明へ渡り洪武帝と面会。琉球で初めて中国の歴史書に名を残した人物となった。

夢と志はどぉーんとでっかく！ってね★

キラキラ人物伝／ふたりの泰期

### 澪之助的 泰期ステータス

好奇心…★★★★★
好感度…★★★★
運…★★★★

## 和々が考える泰期

　常に死と隣り合わせだった航海の旅を、何度も成功させた強運の持ち主。
　怖いもの知らずで未知の世界にもどんどん入りこんでいく、**勇気と度胸**を持った海の男。
　目の前のことにとらわれず、大きな視野を持つことができるので、商売のセンスもあったようです。
　察度とは異母兄弟。タイプ（気質）がそっくりということもあり、兄・察度に対して少し対抗心がありましたが、明国の大きさを見て己の心の狭さを悟り、大きく成長していきます。
　明国滞在中、ある一人の女性と出会い恋に落ちたけれど、琉球を明国と同じように豊かにするという使命をまっとうするため、別れを決意。別れ際、その女性がくれた髪の毛を泰期はずっと持っていた。のちのち、女性の髪は航海のお守りとされるようになる……なんてこともあったかも？

## 澪之助が考える泰期

　冒険好きで、いつか海のむこうにある全ての国に行くのが夢。
　察度とは実際には血はつながっていないが、義兄弟の契りを結んだ仲。察度の人柄・能力・志をとても尊敬しているけれど、ものぐさな性格には手を焼いている様子。
　**元気はつらつ**で正義感が強く、間違ったことや困っている人はほうっておけない性格。
　若く幼い見た目ですが、とても面倒見が良いので人に好かれやすく、村の人気者。
　元々は海辺の出身で小さな頃から海で遊ぶことが多かったので、特技は素潜り。腰に差している刀は幼い頃に父からもらった守り刀で大切な宝物。
　休みの日は城下町の市場に出かけるのが楽しみ。商品を値切ったり、売り子の手伝いをしている姿がよく見られる。

## 残波岬と泰期像

読谷村の西海岸にある残波岬は切り立った断崖に雄大な海が広がる景勝地。晴れた日は吸い込まれそうな青が気持ちよくて、いつまでもたそがれてしまいます。

西海岸に位置しているため夕日スポットとしても有名です。

そんな残波岬に立っているのが泰期像。指さす先は、夢を抱いて渡った明国（中国）。残波の荒波と広い海に、泰期の心意気が重なります。

# 尚巴志 1372年～1439年

心配はいらん すでに手は打っている

**泰期ステータス** 和々的

カリスマ性…★★★★★
分析力…★★★★★
人脈…★★★★★
猫好き度…★★★★★
身長…(´・ω・`)

琉球王国をつくった天下人。佐敷按司の息子として生まれる。南山最強の島添大里按司を倒し、1402年に中山王武寧を攻略後、父の思紹を王にたて第一尚氏王朝を打ち立てる。1416年に北山を、1429年に南山を滅ぼす。

キラキラ人物伝／ふたりの尚巴志

誰も成し得なかったことを俺はしてみせよう！

澪之助的 **泰期ステータス**
パワー…★★★★★
頭脳…★★★★★
好奇心…★★★★
人間味…★

## 和々が考える尚巴志

　**目的のためにはあらゆる手段を使って必ず成功させるぜ（ニヤリ）**、がモットー。
　尚巴志自身が実際に泥にまみれて戦っていたというよりは、指揮官としてのイメージがあります。自分は苦労せず周りからそうなるように仕向けて行く…というよう策士な一面もあったかも？
　物事を客観的に分析することが得意で、人を動かすことがうまい。多くの優秀な人たちが尚巴志の人柄に惚れこんで一生をささげたというほどの抜群のカリスマ性を持っている。
　尚巴志が一時住んでいたという島添大里グスクからはイエネコの骨が出土していることから、尚巴志＝猫好き設定に♪政治や戦の合間に猫をもふもふするのが癒し。
　身長が小さいのがコンプレックスで、カルシウムを積極的にとるようにしている…というのはここだけの話♥（とくにカニ）。

## 澪之助が考える尚巴志

　言わずと知れた、琉球統一を成し遂げた超英雄！その豪快さと破天荒っぷりで出会った者を圧倒し、**たぐいまれなカリスマ性**で多くの民からしたわれていたことでしょう。
　行動力があり、やると決めたことは必ずなしとげる。普段は客観的に考え、冷静な判断を下せる人だけど、たまに感情のままに行動してしまうことも…。
　頭脳戦が得意で、人を動かすのがうまい。戦闘はあまり得意では無いけれど、こう見えてかなりの怪力！彼を怒らせたらひどい目に合うかも…!?
　物事の先を見ることと、新しい物が好き。めずらしい物に興味津々で、面白い物や楽しい物はみんなと共有したいタイプ。
　周りにはそういったそぶりは見せないが、本人は小柄なことをひそかに気にしている様子…（そのような姿が時々目撃されているらしい）。

キラキラ人物伝／ゆんたくコラム

英雄には、普通ではアリエナイ出生話がつきものだ。

王さまたちの、異常出生秘話集!!

琉球に流れてきた源為朝が生ませた子、舜天王
1166生

太陽が体内に入ってできた子、英祖王
1229生

天女から生まれた子、察度王
1321生

犬が乳をあげ白鳥が暖めて保護した尚巴志王
1372生

…それはどうでしょうね….

ってことは、オレの身長が低いって書かれてんのも、"ふつうの人とは違う"アピール的なのじゃね～。本当は180cmなのにみたいな～

150cm未満

# 懐機 1300年代〜1400年代

焦るとろくなことになりません

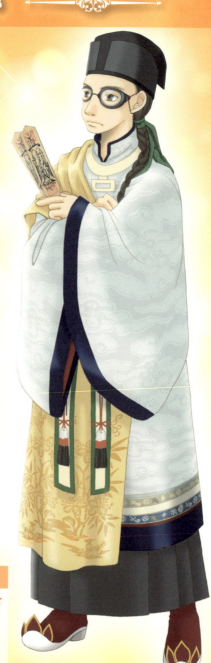

**懐機ステータス** (和々的)

- エリート意識…★★★★★
- 頭脳…★★★★★
- 冷静度…★★★★★
- ユーモア…★↓
- 視力…0.01↓

久米村の華人。1418年に中山王・思紹（尚巴志の父）の使者として明へ渡る。尚巴志王代には国のナンバー2とも言える国相（王相）に就任。龍潭や長虹堤を造営。中国・東南アジア外交も担当し、第一尚氏王朝を支えた。

キラキラ人物伝／ふたりの懐機

私の使命は未来の手助けです

澪之助的 懐機ステータス
知識量…★★★★★
冷静度…★★★★
Ｓ度…？？？

## 和々が考える懐機

　尚巴志の右腕として天下統一の偉業をサポートした天才華人。
　くそマジメで几帳面。冷静沈着でめったなことでは動じない。頭の回転が速い。頭の悪い人、冗談、虫が嫌い。虫よけのために、服にお香を焚きつけているため、いつもいいにおいがする。
　自分の考えたことを実際に実行してくれる人を求めていたが、それがまさに尚巴志だったため、行動を共にすることを決め、一生を琉球で過ごす。
　幼いころから勉強をし過ぎたため、視力がすごく悪い。メガネなしで歩いたら必ず何かにぶつかる。たとえぶつかったとしても決して動じず、何事もなかったようにふるまうのが得意。

「ええ、確かにぶつかりましたけど、それが何か？」

　メガネは自作。この数百年後、糸満漁民の間でよく似たメガネが作られたのは、偶然か、それとも……。

## 澪之助が考える懐機

　知識で尚巴志を支えた優秀な軍師。尚巴志の志に感銘を受け、彼のもとにつくことを決意しました。多くの知識をいかし、尚巴志亡きあとも中山を導いていった人物です。
　物静かで自分から前に出てくることは少ないけれど、第二のまとめ役として活躍します。
　破天荒な尚巴志とマジメすぎる護佐丸に手を焼くこともあるとか…？
　きれい好きで、持ち物や身につけるものにはちょっとしたこだわりがあるみたい。
　趣味は読書。屋敷にある本は全部読破してしまったらしく、新たな本を探していろいろな場所を歩き回っています。

実は隠れSキャラ…？？？

## 龍潭池

龍潭はもともとあった池ではなく、掘って作られた人工池（水源は首里城内にある龍樋の水！）。首里城周辺整備として懐機の監督によって作られたと言われています。池の周りには様々な植物が植えられ、憩いの場として一般人にも開放されたのだとか。

現在も鯉や水鳥が泳ぐ、のどかなエリアです。

夜になると、ライトアップされた首里城や池周辺の灯が水面に反射して、ロマンチックな雰囲気をあじわえます。

## 福州園

那覇市久米にある、中国の福州をイメージして作られた中国式庭園の施設。

こじんまりとはしていますが、滝あり、池あり、回廊ありと、見ごたえ抜群。どこを切りとってもフォトジェニックな異国情緒あふれる空間でつかぬ間の非現実が味わえます。ライトアップやイベントも開催されているようなので要チェックです★

亜蘭匏や懐機も、こんなところで暮らしていたのかもしれませんね。

キラキラ人物伝／ゆんたくコラム

# 攀安知 1300年代～1416年

明国を手本にし、北山を繁栄させよう

### 攀安知ステータス
- 男気度…★★★★★
- 教養度…★★★★
- デリカシー…★★
- もふもふ…(￣ー￣)ニヤリ

最後の北山王。武勇にすぐれた猛将。1416年、今帰仁グスクで尚巴志の大軍を迎え撃つが、部下の本部平原に裏切られ、名刀・千代金丸で自害する。

キラキラ人物伝／ふたりの攀安知

頂点に立つのは
この俺だ！

澪之助的 攀安知ステータス

凶暴度…★★★★★
ワイル度…★★★★★
防御力…★★★★

## 和々が考える攀安知

**北山のTHE☆漢。**
駆け引きや回りくどいことが大嫌い。ぐだぐだ悩むよりも、自分に正直に、シンプルでありたいと思っている（女性に対してもそんな感じなので、場合によってはデリカシーに欠けることもあったりする（笑））。
笑うとえくぼができるので、ギャップ萌えでオチる女性多発。←意外とモテる。
歴史書では力に物をいわせる乱暴者だと書かれている彼ですが、在位中、明国に10回朝貢して「北山の風俗を明国風にしたいから服や冠をください」と願っています。武力だけではなく文化も大切にし、北山を発展させることを夢見ていた有能な北山王だったのでしょう。そこで、もらった冠服を彼なりにアレンジして着ている様子を描いてみました。
ペットのホワイトタイガー"まごらー"は攀安知にだけ懐いている。

## 澪之助が考える攀安知

北山のトップに君臨していた王。**荒々しく野性味あふれる性格**で、力でねじ伏せるタイプです。自ら先陣を切って戦いに出るほど好戦的で、戦闘能力はピカイチ。一般人じゃまず勝てません。自分自身に絶対的な自信を持っています。
普段は小長刀で戦うけれど、本気を出すと愛刀の千代金丸と合わせて二刀流になります。こうなってしまうと勝てる望みはほぼ0％でしょう…。
実力主義な考えを持っているので、優れている者・強い者はたとえ敵であっても認めて尊敬します。
首飾りとピアスに使われている虎の牙は、今帰仁城から出土しているものです。実際は絨毯や剥製として使われていた可能性が高いのですが、身につけていたらカッコイイだろうなと思い、アクセサリーとして使用させてみました。

## 戦の心得

### 喜屋武久殿

南城市佐敷にある攀安知関連の史跡。尚巴志による北山攻略の際、攀安知の三男と四男は捕虜となり、のちに許されてここに住み着き、津波古村の始祖となったといわれています。

でも、もしかしたら、彼らは単なる人質・捕虜ではなく、あの戦のさなか、尚巴志と攀安知の間に男の約束が交わされたのだとしたら……など、想像がふくらむ史跡です。

# 本部平原
もとぶ てい ばら

1300年代～1416年

そろそろ俺の出番じゃん？

**本部平原ステータス** 　和々的

武力…★★★★
クールさ…★
慎重さ…★★
素直さ…★★★★★
サル度…★★★★★
素早さ

北山王・攀安知の部下。今帰仁グスクのリーダーの一人。尚巴志の今帰仁グスク攻略戦で中山に寝返る。激怒した攀安知と戦い、討ち死にした。

キラキラ人物伝／ふたりの本部平原

何が正しいのか、わからなくなってしまいました…

澪之助的 本部平原ステータス
正義感…★★★★
真面目さ…★★★
優柔不断…★★★★

## 和々が考える本部平原

**細かいことは気にしなーい！
難しいことは考えなーい！**

良く言えば素直、悪く言えば単純。ウソや隠しごとも、にじみ出てすぐにバレてしまうタイプ。

お調子者的なところがあるので、おだてられると素直に喜んですぐに木に登ってしまう。でもそこがかわいいと言うか、裏表がない所がいいと、攀安知をはじめ、周りからは一目おかれているようです。

武力は北山でナンバー２の腕前（ナンバー１は攀安知）。すばしっこさが売り。

幼いころから剣術修行だけに明け暮れていたので、学問や政治のことはさっぱり分からない。

本人は常にかっこよく、クールにキメたいと思っている、みたいだけど、すぐにボロがでるので、なかなかそうもいかないみたい（笑）。

## 澪之助が考える本部平原

まだ若いけれど、攀安知の頼れる部下。一生懸命ですが、優柔不断なところが彼の弱点。思い込んだらそのまま突っ走って行ってしまうので、失敗することも多々あります。

攀安知のことは尊敬していますが、彼の行動に少し心にひっかかるものもある様子？攀安知を裏切り北山滅亡のきっかけを作ってしまった悪者として語られてきた彼ですが、彼も北山の未来を想い、彼なりの正義を信じてとった行動だったかもしれません。

攀安知の右腕だけあって、武力は高め。**"サイ"を使ったアクロバティックな武術が得意**です。

自分のことをまだまだ未熟だと思っており、武芸も学問も日々積極的に取り組んでいます。けれど、学問に関しては自分の思う成果を得られてないみたいです。

中性的な見た目のため、初対面の人にナメられてしまうことが多いのが悩み。

## がんばれ本部くん

### 志慶真城郭 in 今帰仁グスク

世界遺産・今帰仁グスクの一番奥に位置しているエリア。尚巴志による北山攻略はこの郭にある裏門から、護佐丸率いる二軍が突入し崩れていったとの伝承（ドラマ）もさることながら、立地もとてもフォトジェニック！天気のいい日はもちろんですが、天気の悪い日でも周りの森に雲が立ちこめて、まるで天空の城のようです。

キラキラ人物伝／ゆんたくコラム

# 他魯毎(たるみぃ) 1300年代後半〜1429年

> 美しいものを愛する心こそ、この時代に必要なのです

### 他魯毎ステータス
和々的

- お宝愛好度…★★★★★
- 主義主張力…★
- 闘争心…★
- 子ども好き度…★★★★
- 髪のお手入れ時間…★★★★★

最後の南山王。父の汪応祖が兄の達勃期に殺されると、南山の按司連合にかつがれ新王に即位。政治をかえりみずゼイタクな暮らしをして人心が離れたとされ、1429年に尚巴志に滅ぼされた。

キラキラ人物伝／ふたりの他魯毎

ボクはただ、美しいモノを愛でたいだけなの〜ッ！（汗）

澪之助的 他魯毎ステータス
ドジ度…★★★★★
芸術性…★★★★★
運…★

## 和々が考える他魯毎

　尚巴志の持っていた豪華な金屏風と、南山の泉を交換してしまったために民の信頼を失い自滅したという伝説から、長らくかっこ悪い、頭悪い、成金趣味というようなイメージのある彼ですが、見方を変えれば、美しいものを愛する芸術家タイプとも言えます。加えて、人を疑わず闘争心もない性格だったからこそ、尚巴志の作戦にまんまとだまされてしまったのかもしれません。
　頼まれたら断れない人の好さが彼の長所であり、短所。
　いつも心穏やかに過ごしたいと思っている平和主義。だけど守るべきもののためには、臆せず立ち上がるプライドはあります。
　三山時代を見る時、尚巴志や攀安知と違って、他魯毎は取りあげられることが極端に少ないので、**彼に光を！**と願ってやみません。
　ハチマキに施したマークは、今も続いている彼の子孫の「阿氏」の家紋です。

## 澪之助が考える他魯毎

　芸術品や美しいモノをこよなく愛する、**ちょっと頼りないヘタレっ子**。
　戦闘や争いはあまり好きではなく、誰かの上に立つのは苦手。
　しかし、父と叔父の争いから思わぬ流れで南山王になってしまい、そこからの現実逃避や、皆をまとめる自信のなさから来た不安といった、心の隙間を埋めるために美しい宝物を集めて愛でるようになったとか…。
　すぐにテンパってしまい、何もない所でも転んでしまうようなかなりのドジっ子。そのため、たくさんの貴重な芸術品をうっかり壊してしまいそうになったりします。
　口調や立ちふるまいから幼い印象をもたれますが、成人済みのいい大人です（本人は年齢は内緒にしたいそう）。
　お酒は強くて、全く酔わない。お酒は現実逃避にあまり向かないみたい。

## 嘉手志川

　南山の生活を支えていた重要な泉。南山王・他魯毎は尚巴志の持っていた金の屏風を手に入れたいがためにこの泉と交換したという伝説が残っています。

　今でもこんこんと水が湧き出ており、農業用水として利用されているだけでなく、地元の人たちの憩いの場、子どもたちの遊び場にもなっています。

　なお、他魯毎が住んでいたとされる南山グスクは嘉手志川の道向かいにあります。

## 山巓毛と他魯毎の墓

　梅雨明けの季節になり、糸満ハーレー（ハーリー）の話題でよく取りあげられるのがここ、山巓毛。ハーレー当日の御願や出発の合図が出される場所として、ニュースや新聞でよく映ります。

　しかし歴史をさかのぼると、尚巴志軍に追い詰められた南山王・他魯毎が自害した場所だとも言われています。

　山巓毛のふもとには他魯毎の墓もあり、子孫によって大切に守られています。

古琉球随一の名将。山田按司の息子として生まれ、尚巴志に従い北山攻略で功績をあげる。座喜味グスクの主となり、1440年代に中城グスクに移ったが、1458年、勝連の阿麻和利に滅ぼされる。護佐丸の娘は尚泰久の妃となり、百十踏揚は孫娘にあたる。

キラキラ人物伝／ふたりの護佐丸

なにがあっても、この誓いだけは守る…！

澪之助的　護佐丸ステータス

マジメ度…★★★★
モテ度…★★★★
建築力…★★★★

## 和々が考える護佐丸

　勉強もスポーツもできて、明るく活発、友達も多くてリーダー性もある、クラスの人気者…というタイプ。育ちがいいので節度はわきまえており、ハメを外しすぎることはない。
**まぁ、一言でいうと優等生ですね。**
尚巴志に認められ、頼りにされているという自信と誇りをもっているけど、それに甘えることなく、常に自己の成長のための努力を怠らない（←マジメ）。
　新しいものが好きで、いいと思ったものはどんどん取り入れている。
**最新の武器「火矢」でレベルUPだぜ！** ちなみに火矢は、弾を撃ったあとは、こん棒として使っても威力が高い所が気に入っているようです。
　犬は好きだけど、実は猫が苦手でアレルギーもち（※尚巴志にはナイショです）。

## 澪之助が考える護佐丸

　琉球を代表する武将で、若くして尚巴志の右腕となったエリート君。まじめで何事にも一生懸命な性格。責任感が強いのですが、少し自分一人で抱えすぎてしまうところが玉にキズ。
　色男の代名詞といえる、**タレ目・ツリ眉・泣きボクロの三拍子が特徴。** きっとかなりモテていた…はず！（笑）その甘いマスクで、世の女性たちを少なからずとろけさせていた事でしょう（笑）。恋愛面では、まじめに見えて意外と気の多い人だったのかも…。
　特技は棒術。刀もちゃんと使えるけれど、棒の方がしっくりくるらしい。最近は建築学にハマっている様子。
　月のピアスは元服（成人）した時から身に付けている物。だんだんと満ちていくその月は、いったい何を意味しているのでしょうか…。

# 盛親
《1458年～？》

護佐丸の三男。中城グスク落城の際、乳母とともに逃れて身を隠し、第二尚氏の時代になって尚円王に取り立てられた。子孫は三司官（大臣）を出す名家となった。

## キラキラ人物伝／盛親

寂しくなんかないよ、鬼丸がいるもん♪

### 和々が考える盛親

　まだ赤んぼうだった盛親と乳母が中城の戦場から逃げる時、ひそかについてきたのが護佐丸のペットだった琉球犬「鬼丸」。逃避行の中で何度かあったピンチも、鬼丸のおかげで逃げ延びることができた。盛親の命の恩人で、一心同体も同然に過ごす…なんてことを想像して描いてみました。
　護佐丸がお守りとして持たせた蛍石は、ペンダントにして肌身離さずつけています。この蛍石はその後、子孫代々伝わる家宝となったかどうかは…はてさて…。

# 金丸〔尚円〕 1415年〜1476年

この香りを嗅ぐたびに、私を思い出して下さい

### 和々的 金丸ステータス
- 器用さ…★★★★★
- 出世運…★★★★★
- 花似合う度…★★★★★
- 協調性…★（のちに上昇）
- モテ度…測定不能

第二尚氏王朝の初代王。伊是名島生まれ。本島に渡り、やがて尚泰久に仕える。出世し、那覇行政長と貿易長官（御物城御鎖之側）に就任。尚徳王と対立し隠居するが、王の死後、群臣に推されて尚円王として即位する。

キラキラ人物伝／ふたりの金丸

私はつねに最善の道を選ぶだけです

澪之助的　金丸ステータス

人徳…★★★
魅力…★★★★★
体力…★
甘党…(´ω`*)

## 和々が考える金丸

各地に残った色恋沙汰は数知れず…。**超絶モテ男、参上！！！！**
ウチナーンチュにはめずらしいすっきりした顔立ちで、何もしないでも目立っちゃうイケメンオーラを持つ男。加えて、女心もよく理解しており、ツボを押さえるのが実にうまい！！モテないわけがないですね。
頭がよく、器用で、すぐになんでもこなしてしまう。他人と協力する必要があまりなかったため、自分は自分、他人は他人の個人主義。よって、女にはモテるが男友達がいない…。
しかし、のちに尚泰久に出会い、部下としてだけではなく友としての情もそそいでくれたことに感激し、この人のために一生をささげると決意するのでありました。
安里大親の目撃情報によると、足首に金のアザがあり、それこそが王になる証だったと言われています。

## 澪之助が考える金丸

伊是名島育ちの美青年。その美しさから本人の意図しないところでトラブルに巻き込まれることが多い苦労人。彼の美貌とあり余る才能から、多くの人がとりこになったことでしょう。
尚泰久王には、絶大な感謝と尊敬、絶対的な忠誠心を持っており、国王や首里王府にとって障害となるものは徹底的にとりのぞく。その時の手段は選びません。
かなり頭の切れる人物で人をうまく動かすことができます。自分で直接手を下すことは無く、自分や王府にとって有利になる道を選びます。
体を動かすのは得意ではなく、体力はあまりありません。
**自分の外見が良いことに対して自覚があるけど、あまり重要だとは思っていないらしい**（どうでも良いけど、まぁ利用できるかなというていど）。
好物は甘い物。仕事中によく食べているそう。

# 御茶当真五郎
《1400年代中頃？》

西原の嘉手苅村にいた人物。尚円にしたがい、力が強く相撲の達人で、歌や三線も得意としたという。死後、成仏せず夜な夜な出没したという伝説がある。

キラキラ人物伝／御茶当真五郎

## 和々が考える御茶当真五郎

相撲の名人とは仮の姿！真の姿は金丸の隠密！?

村々に忍び込み、情報を集めてくるのが主な仕事。庶民からの情報を得るため、村々の祭りや毛遊び（今でいう合コン）などによく出没したとか。そのため、歌サンシンなどの芸事にも秀でている（でもそれは楽しいからではなく、あくまでも任務遂行のための手段なのです…）。

場面に応じて見た目や人格、雰囲気を変えることができる。足が速く、方向感覚が鋭い。体は細身だが大食い。ムーチーが大好物。

# 阿麻和利(あまわり)
### 1400年代〜1458年

> 運命(うんめい)なんて、自分(じぶん)で切(き)り開(ひら)くもんなんだよ

**和々的 阿麻和利ステータス**
- チャレンジ精神…★★★★★
- 好奇心…★★★★★
- 演技力…★★★★★
- ユーモア…★★★★★
- 酒の強さ…★

46

北谷の屋良生まれ。体が弱く親に捨てられたと伝わる。勝連グスクの茂知附按司を倒して按司になる。領民の人望あつく、勝連を繁栄に導く。1458年、首里の王に戦いをいどむも敗れる。妻は尚泰久王女の百十踏揚。

キラキラ人物伝／ふたりの阿麻和利

《民のために、勝連のために
己の欲望のために》

**澪之助的 阿麻和利ステータス**
身軽さ…★★★★
スマイル…★★★★
隙…★★★
秘めた野望…？？？

## 和々が考える阿麻和利

　親に捨てられたという苦い過去を持ちながらも、自らの力で運命を切り開いてきたので、結構強い…と言うかたくましい。
　**色白で中性的な外見ですが、中身や口調はけっこう男らしく、庶民的。** グルクンのから揚げが好物。
　外見がコンプレックスなので、見た目で女扱いされたらめちゃくちゃ怒ります。でも、場合によってはそんな外見をも手段として利用するなど、自分のコンプレックスも柔軟に受け入れているようです（彼が本気で"女"を演じたら、ほぼ女にしか見えなくなるとか…）。
　好奇心旺盛で、色々な事に積極的にチャレンジしている。特に外国への関心が高く、もっと世界を見てみたいと思っている所。
　気さくな性格でユーモアもあるため、自然と人に好かれ、また頼りにもされています。
　お酒は嫌いじゃないけど…てんで弱い。

## 澪之助が考える阿麻和利

　これまで歴史の中で語られてきた逆臣の阿麻和利と、勝連の地に伝えられてきた英雄の阿麻和利。"どちらも本当だったら!?"と思い、**二重人格**になりました。
　勝連に対しては民のことを第一に想う《英雄》の面が、首里に対しては自分の野望だけを通そうとする《逆臣》としての面が出ます。
　城や屋敷内でじっとしてることは少なくて、外に出て勝連の民とコミュニケーションをとっている事が多いです。
　戦闘時は武器を使うのが好きではないので、素手。体術が得意です。なのでとても身軽！
　裏の人格は、阿麻和利が勝連城主になってから出てきました。琉球を手にするという野望を抱き、常に自分のためだけに生きています。自分にもう一つの顔があることは、表の阿麻和利は気付いていません…。

# 茂知附按司
《1400年代》

阿麻和利の前の勝連按司。酒食におぼれて政治をおろそかにしたため、阿麻和利に滅ぼされた。

キラキラ人物伝／茂知附按司

一緒に、呑む？

## 和々が考える茂知附按司

　王府をおびやかすほどの勝連の繁栄は、阿麻和利一代だけによるものではなく、きっと先代の茂知附按司らによる功績も大きかったに違いありません。
　そこで、これまでイメージされてきた大酒呑みの乱暴人ではなく、純粋にお酒を愛するほわ〜んとした彼を描いてみました。酔うとかわいくなり、呑みすぎると泣くタイプ。きっと彼は彼で色々と悩みや苦労もあったことでしょうね。

# 百十踏揚
## もも と ふみ あがり

1400年代中頃

なんでもお見通し…です♡

**百十踏揚ステータス** 和々的

- セヂ（霊力）…★★★★★
- 重力…★
- ガード力…★★★★★
- 小悪魔度…♥♥♥♥

尚泰久王の娘。王府をおびやかすほどの力をつけていた阿麻和利と政略結婚。1458年に従者の大城賢雄と勝連グスクを脱出し阿麻和利の野望を王へ伝える。阿麻和利の死後、賢雄と再婚するも1469年の金丸派によるクーデターで死別する。

キラキラ人物伝／ふたりの百十踏揚

わたくしは、わたくしの信じた道を行きます

澪之助的 百十踏揚ステータス

器の広さ…★★★★
誠実さ…★★★★
美しさ…MAX

## 和々が考える百十踏揚

　絶世の美女で、時代に翻弄された悲劇の王女として描かれることが多い彼女。しかし、そんな百十踏揚に、殿方たちを手玉にとるくらいの小悪魔な一面もあったとしたら…?!　阿麻和利・百十踏揚・大城賢雄の三角関係は、**古琉球一のラブミステリー**として興味がつきません♥

　霊力は最上級クラスで、重力をあやつるくらいお手のもの。片目の色が変わっている時はトランス状態なので、うかつに近寄るとケガします。

　身にまとった植物はナガミボチョウジとトウツルモドキ。琉球では共に神聖な植物とされていますが、特に野生のトウツルモドキの堅さ、からみつき、浸食はかなりやっかい。それを武具として自由にあやつれたら、女と言えども名だたる武将たちも頭が上がらないくらい最強でしょう（笑）。

　なお、本命の男性は「ひ・み・つ♥」

## 澪之助が考える百十踏揚

　時代の波に翻弄された悲劇のヒロイン…。ですが、決して自分の運命を悲観したり絶望したりせず、しっかりと受けとめ、受け入れた中で前向きに生きていった人物です。ある意味、強い心を持った人かも。

　可憐な見た目や普段の立ち振る舞いはまさに"お姫さま"にふさわしい彼女ですが、本当は自分からテキパキと動いて行動するのが好きで、自分の身の回りことはなんでも自分でやろうとするため、よく侍女から止められています。

　阿麻和利のことを心から愛していて、支えになりたいと思っており、幼馴染みである賢雄のことは家族や兄弟のようにしたっています。

　かなりのおじいちゃん子。幼いころに祖父のもとへ遊びに行くと、帰りたくないとだだをこねていたそう。

## 尚泰久について

　第一尚氏王統の中で、尚巴志の次に存在感が大きいのが尚泰久でしょう。尚巴志の七男であり、妻は護佐丸の娘、その間にできた娘が百十踏揚となります。
　百十踏揚が阿麻和利に嫁いだことで、護佐丸・尚泰久・阿麻和利は血縁関係で結ばれることとなったのですが…、1458年、「護佐丸・阿麻和利の乱」という悲劇が起こってしまうのです…（P8の通史参照）。
　王府の歴史書では、この乱は阿麻和利の嘘の告げ口によるものとされていますが、実は別に黒幕がいるのではないか？と、多くの人がこの乱の真相について推理しています。

　さて、尚泰久は仏教を熱心に信仰し、琉球に多くの寺を建て、鐘を作らせています。あの有名な「万国津梁の鐘」も尚泰久が作らせた鐘のひとつ。
　沖縄県立博物館では本物の万国津梁の鐘と、実際に突いた音（採録）を聞くことができます（毎時0分と30分に放送）。尚泰久や百十踏揚が実際に聞いたであろう鐘の音を、560年の時をへて私たちも聴くことができるとは……なんだかじ〜んとしてしまいます。

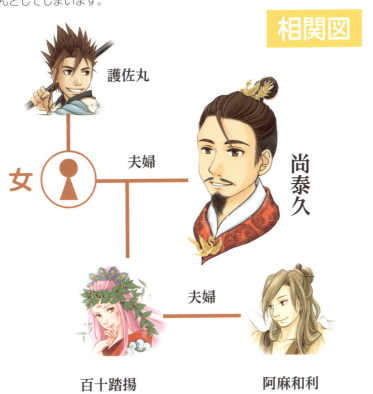

相関図

護佐丸　女　夫婦　尚泰久
百十踏揚　夫婦　阿麻和利

# 大城賢雄 1400年代〜1469年?

そんなこと…俺の知った事か…！

### 大城賢雄ステータス
- 鬼度…★★★★★
- 一途さ…★★★★★
- 器用さ…★
- セヂ（霊力）…★★★
- 体格…(ﾟДﾟ;)デカー！

武勇にすぐれ「鬼大城」の異名を持つ。尚泰久に仕え、百十踏揚の従者として勝連グスクに渡る。1458年、阿麻和利の謀略を王に告げ、王府軍の総大将として阿麻和利を討つ。その功績から越来城主に出世し、百十踏揚と結婚する。

俺はただ、従うだけだ

キラキラ人物伝／ふたりの大城賢雄

澪之助的 大城賢雄ステータス

強面度…★★★★★
体格…★★★★★
表情…★

## 和々が考える大城賢雄

「鬼」の異名を持つ、**身長2メートル超えの最強武将**。乗り物はバイク（ウソ）。

無口で滅多に笑わないクールな一匹狼。とっつきにくいオーラ全開のため、人からは敬遠され損するタイプ。ゆえに恋愛に関しても、好きな人に素直に気持ちを表現することができない、不器用な人。本人もそれを自覚していて、密かにコンプレックスでもあったりする（だから自然と人に好かれる男がうらやましくて、嫌い）。

そのコンプレックスをはねのけるようにめちゃくちゃ修行したので、めちゃくちゃ強い。加えて、おもろ（神歌）で嵐を起こしたり、神を召喚したりという霊力も兼ねそなえたサイコーでサイキョーなやつ☆

心を許した数少ない上司（尚泰久）には忠誠心もあついのですが、勝連討伐の際、命令をなしとげるためになりふり構わず女装してしまったのは、人生唯一の黒歴史。

## 澪之助が考える大城賢雄

《鬼大城》と恐れられた、琉球きっての武将。きっちりしていて、くだされた命令は必ず成功させる。まっすぐな性格で決めたことは簡単には曲げない。

口数が少なく、表情の変化があまりないので、ちょっとしたことでは動じません。約束事をやぶられたり自分の意思に逆らうことをされると、感情を爆発させます。その名の通り、**鬼の形相で。**

するどい目つきと犬歯が特徴。目の周りの隈取りは威圧感を増すためにやっているそう。

槍を愛用していますが、武器がなくても、一般人が数人かかっても勝てないくらいに強いです。

阿麻和利のことは、あまり良く思っていないが、実力は認めています。百十踏揚のことは、命をかけて守らねばならない大切な人だと思っています。本人に自覚はありませんが、百十踏揚にはちょっとあまいです。

# 賢休・賢庸
《1400年代〜1458年》

大城賢雄の弟。幼い頃より兄と苦楽を共にし、1458年の勝連グスク攻めの際には兄の賢雄とともに首里王府軍として出陣。激しい戦いのすえ、二人とも討ち死にした。

キラキラ人物伝／賢休・賢庸

さっすが兄上！☆

いつか兄上を超えてみせる…！

## 和々が考える賢休・賢庸

お兄ちゃんラブ！＆リスペクト！な、賢賢ブラザーズ。
　長男であり、尚泰久王にも認められていた兄・賢雄は、二人にとってはさぞ頼もしく憧れの存在だったことでしょう。（でも、もしかしたら次男の賢休は、兄にちょっとしたライバル心も持っていたかも？）
　賢雄もそんな弟たちをかわいく思っていたことでしょう。二人が勝連戦で戦死した時、賢雄は声をあげて泣いたといいます…。

# 尚(しょう)徳(とく) 1441年〜1469年

> 余(よ)に不(ふ)可(か)能(のう)なことなどないわ

**和々的 尚徳ステータス**

- 俺様度…★★★★★↑
- 外交センス…★★★★★
- 忍耐力…★★
- ロマンチスト度…★★★★
- 書の腕前…★★★★

第一尚氏最後の王。21歳で即位。剛勇で優秀だが自らを誇り、独断で物事を進めるなどして重臣の金丸と対立した。1466年には自ら喜界島に出陣し征服。天界寺に大宝殿を建てるも、1469年に29歳で死去。

ほしいものは絶対に勝ち取ってやるさ！

キラキラ人物伝／ふたりの尚徳

### 澪之助的 尚徳ステータス

- 負けず嫌い…★★★★
- プライ度…★★★★★
- 落ち着き…★

## 和々が考える尚徳

　常に強気でプライドが高い**オレサマ王様**！小さい頃から負けず嫌いで、幼少期のライバルは母違いの兄たち。
　珍しいもの、派手なものが好き。
　向上心はあるけれど、目的のために色々とムチャをして、周りを困らせてしまうことも多い様子。
　素直になることや他人を頼ることは、なんだか負けた気がするので意地でもしたくないんだって。でも本気で惚れた女には弱くて、その時ばかりは素直になることもあるのだとか。
　一方、教養は高く、全くものおじしないため、外交センスは高い。
　日課は漢詩を読むことと、書（でも時々漢字を間違える）。

## 澪之助が考える尚徳

　やんちゃなかなりの自信家。身分の高い生まれだという立場からか、とても負けず嫌いで、ほしい！と思ったら絶対に手に入れたくなる、もしくは実際に手に入れるタイプです。
　口調も強めで、やること成すこと考えることがブッ飛んでいるところから、乱暴でいい加減な印象を持たれがち。けれど、もともと育ちがいいので礼儀はわきまえています。じっとしていることは嫌いで、何でも自分が先頭にたってやることが多いです。その破天荒な性格と行動力から、**祖父・尚巴志に似ている**と言われることもしばしば…
　自分の思いどうりにいかないのは好きじゃないので、意見が食い違う家臣たちとケンカする姿はよく見られる光景なんだとか。
　恋愛に対してはとても誠実で、相手のことを真剣に考えています。

# 安里大親（あさとうふや）
《1300年代？〜1400年代》

護佐丸の兄（または弟）とも伝わる人物。金丸が王になる才能があるのを見抜き、1469年、第一尚氏が滅びるクーデターのきっかけをつくった。

キラキラ人物伝／安里大親

物を食わせてくれる人じゃなきゃ、ご主人様とは言えないね

## 和々が考える安里大親

　霊能力を持っていたらしく、その力を買われ明国に渡り、皇帝の病気も治したという伝説も持つすごい人物。また、まだ一役人に過ぎなかった時の金丸に、「あなたは将来王になるお方」だと予言し、金丸をドン引きさせたというエピソードもあります。きっと普通の人間には見えないものがたくさん見える人だったんでしょう。妖怪アンテナもビンビンです！
　マントにある文字は、天人が琉球に教えたといわれている古字（琉球古字）で、占いなどに使われていたようです。

# オギヤカ

1445年～1505年

あなたは何も心配しなくてもいいのよ

**尚徳ステータス**

- 政治力…★★★★★
- セクシー度…★★★★★
- アンチエイジング策…非公開
- 呪い力…★★★★
- 母の愛…∞(無限大)

尚円王の妻で尚真の母。尚円死後、即位した尚円の弟である尚宣威を退位に追いこみ、子の尚真を12歳で王に就けた。尚真の後見人として王国に君臨し、絶大な権力をふるった。

わたしに気安く話かけないでくださる？

キラキラ人物伝／ふたりのオギヤカ

澪之助的

**尚徳ステータス**
警戒心…★★★★★
ツン…★★★★★
デレ…MAX（家族のみ）

キラキラ人物伝／ふたりのオギヤカ

## 和々が考えるオギヤカ

　そのセクシーさと類稀な政治能力で王府の基盤を作った女性。
　彼女は裏で政治を牛耳った女帝というイメージがありますが、それも我が子を守りたいという母としての愛の形だったのではないでしょうか。
　第一尚氏時代の身内同士の王位継承争いや、不安定な情勢、そして王統の滅亡を見てきた彼女は、過去に学び、我が子のためにも永遠に強い王国を作らねばと思ったことでしょう。そのためには、**政治の闇の部分や争いは私が一身に背負ってみせる、呪いに手を染めることだってかまわない！**という、我が子のために人生の全てを捧げる強い意志があったのかもしれません。
　服の中央にある一文は彼女が作らせたとも言われる玉陵の碑にある「(背くものがあれば) 天に仰ぎ、地に伏して祟るべし」という呪いの言葉です。

## 澪之助が考えるオギヤカ

　金丸（尚円）の妻で、少しわがままなお嬢様。
　家族や信頼している人たちには笑顔を見せたり甘えたりするけれど、それ以外にはツンケンした冷たく意地悪な態度をとってしまう**ツンデレ**な性格。
　裏で政治を動かしていた悪女と伝えられていますが、彼女のツンデレな性格に勘違いしてしまったのかも…？
　若くして嫁いだ不安を強がりで隠すため、簡単には他人に心を許しません。夫の金丸と息子の尚真のことをとても愛しています。金丸は心を開くことができる数少ない人物の一人。彼のまえでは年相応の姿をさらけ出せるようです。
　大好きな金丸の隣に立つにふさわしい女性になれるように、身だしなみには人一倍気を使っています。そのため、きらびやかで美しい服装や飾りを好んで身につけるようになりました。

# 尚宣威
《1430年〜1477年》

金丸の弟。伊是名島より兄と行動をともにし、尚円の死後、王となったが、神女のお告げで王の資格がないと言われ、王の座を退いた。この事件はオギヤカの企みとみられている。

兄上をお支えすることが、私の使命なのです

キラキラ人物伝／尚宣威

## 和々が考える尚宣威

　金丸の歳の離れたただ一人の弟。母親が若くして亡くなったため、金丸が尚宣威の親がわりだったとも言われています。
　そんな兄をとても尊敬していて、兄の役に立つ人になりたいと勉学に励んでいます。兄がでぃきやー（頭がいい人）＆超絶モテるという天才型に対し、本人はちょっと控えめの努力型。繊細で、体も強い方ではありません。
　休みの日は読書をしたり、水墨画を描いたりして静かに過ごしています。

# 尚真 1465年〜1526年

わっ★びっくりしたぁ〜

### 和々的 尚真ステータス
- 優しさ…★★★★★
- 愛され度…★★★★★
- 主体性…★★
- けがれ度…★↓
- サル語理解度…★★★★★

第二尚氏三代の王。尚円の子。母のオギヤカの後見のもと12歳で王位に就く。首里城の拡張や周辺の整備、奄美や八重山、久米島など周辺諸島を完全支配下に置き、王国史上最大の領土を築いた。

キラキラ人物伝／ふたりの尚真

みんなが笑っているほうが、ぼくは好きですから

澪之助的 尚真ステータス
- 癒やし度…★★★★
- 統制力…★★★★★
- 文化力…★★★★

## 和々が考える尚真

　優しくて純粋無垢、世の中の影を知らない愛されキャラ。
　12歳で王になったけれど、政治の黒い部分はすべてほかの人が裏でになっていたため、本人はけがれ知らずの**マスコット的な存在**としてぬくぬくと成長する。よって、実年齢よりは精神年齢はやや幼め。あまりにも素直すぎて、言われるがまま、なされるがまま、というところもある。
　お母さん（オギヤカ）と、養父で教育係の守知のことが大好き♥（守知はちょっと厳しいけど、ホントは優しいって知ってるモン♪）
　ペットのヤクシマザル"アカー"が一番の友達で遊び相手。どこに行くのも、寝る時も一緒。実は、早くから王として特殊な環境におかれ、寂しそうにしている姿を見ていた母・オギヤカが、誕生日プレゼントにくれたもの。

## 澪之助が考える尚真

　琉球の黄金期をもたらした偉大な人物。いつも笑顔で心優しい性格。のほほんとしていて頼りないように見えるけれど、人々や物事をまとめる事が得意です。
　両親である金丸とオギヤカの愛をめいいっぱい受けて育ち、両親のことをとても尊敬しています。平和な世の中を心から望んでいて、命を無駄に失うようなことは好きではありません。しかし、太平の世を目指すためにはやむを得ない場合もあるみたい…。
　芸術品や工芸品が好きで、これらをもっともっと発展させたいと考えているようです。
　頼まれるとなかなか断れない性格を本人は気にしていて、なんとか改善したいと思っているらしい。
　**城下町を自由に遊び回るのが幼い頃からの夢**。何度かお城を抜け出してでかける計画をしていますが、いつも見つかって失敗しています。

# 芥隠
《1400年代〜1495年》

京都南禅寺の流れをくむ禅僧。1450年代に薩摩から琉球に渡る。尚泰久王の目にとまり、那覇の広厳寺の住職になる。琉球使節として室町幕府と交渉するなど、外交官としても活躍。1494年に第二尚氏の菩提寺・円覚寺の初代住職となる。

キラキラ人物伝／芥隠

こういう日は、温泉が一番なのだが…

## 和々が考える芥隠

　彼は"虎のように鋭いまなざしと牛のようにゆったりとしたたたずまい…"という徳の高さを表す決まり文句が使われていることから、虎をイメージした黒の化粧と金髪で描いてみました。が、本人はいたって穏やかで知的。
　手に持っているのは如意と呼ばれる仏具。朱漆に沈金で琉球仕様に☆
　琉球での生活は気に入っているけれど、お風呂は水浴びばかりで湯船につかる文化がないのが唯一の不満の様子。
　「ああ、温泉行きたい…（遠い目）」

# オヤケアカハチ
《1400年代〜1500年》

石垣島の首長。波照間島出身。群雄割拠の石垣島で台頭、長田大主を破る。首里王府に反抗し、1500年、来襲した宮古勢と首里王府軍と対決。抵抗するも敗れ、殺された。

我らの地を荒らすことは絶対に許さん！

### 澪之助が考えるオヤケアカハチ

民を守るために戦った八重山のヒーロー。外国人の血が流れているため、赤毛に碧眼と変わった外見をしている。
無口ですがリーダーシップがあるので石垣島の人たちからとてもしたわれています。自分より島の民のことを一番に思っていて、民のために働きます。
母親が司（神女）だったため、宗教や霊的な知識も少しだけあります。
仲宗根親見親はライバル。いけ好かないやつだと思っています。

## 仲宗根豊見親
《1400年代〜1500年代》

宮古島の首長。父は宮古島の名門・目黒盛豊見親家の出身。1500年、石垣島のアカハチの脅威に対し尚真王へ救援を求める。王府軍とともにアカハチを滅ぼし、先島の覇権をにぎった。

キラキラ人物伝／仲宗根豊見親

これも、宮古の明日を守るためだ…！

### 澪之助が考える仲宗根豊見親

　宮古島を統一したエリート。幼い頃から賢くよくできた人物で、さわやかで欠点のない性格です。「神童」と呼ばれていた過去があるため、いつも自信に満ちあふれている前向きな人なので、ちょっとナルシストな面もあるかも…？（本人は自覚なし）
　社交的で友好関係が広い人物。彼の人柄に惚れて多くの人がついて行ったことでしょう。
　宮古の未来を守るために、王府側についてオヤケアカハチと戦いました。

# 笠末若茶良
《1400年代～1500年代？》

久米島の伊敷索按司の三男。登武那覇グスクの主。神キンマモンが彼だけを祝福したことで、それをねたんだ父の伊敷索按司によって滅ぼされたという。

> 人と自然が美しいこの島が、僕は大好きなんです

## 和々が考える笠末若茶良

　イケメンで、頭も良くて、強くて、優しくて、人望もあって、独身（これ大事！）で、キンマモンが降臨して祝福したという、パーフェクトすぎる久米島のヒーロー。そして父に攻められ殺されるという悲劇のヒーロー。やはりできすぎる人は討たれる運命なんでしょうか…。
　生き別れた粟国出身の母が大好き。幼い頃に母と一緒に見たクメジマボタルの光景が一番の思い出。実は泣き虫で、一人になると粟国島の見える丘に行き、母を想って泣いているのだとか…。

# 糠中城
《1500年代》

奄美大島のリーダーの一人、与湾大親の子。我利爺の告げ口で首里王府によって攻められ、捕えられて沖縄島へ。のちに無実とわかり、許されて王府に仕えた。子孫たちは琉球の名家の一つとなった。

> 人がわしを見捨てても
> 天が見捨てるはずはあるまい

## 和々が考える糠中城

　力持ちで、弓の腕前は百発百中！我利爺の娘も彼に一目惚れしたという言い伝えもあるようです。きっとたくましくて凛々しくて、首里の攻撃にも屈しない強さもあったことでしょう。

　実は船に酔いやすく、長い船旅が大の苦手。だから釈放されても奄美には帰れなかったのかも…!?　ゴーヤーの糠味噌漬けが好物で、自分でも毎年漬けていて、その腕は毎年向上中。

　子孫である馬氏の家紋を手袋にあしらいました。

# 守知
### 《？〜1511年》

最後の南山王・他魯毎の甥。父は他魯毎の弟・守忠。第二尚氏に仕え、尚真王の養父となる。彼の孫娘・華后は尚真王の側室となり、尚清王を産んだ。

キラキラ人物伝／守知

> 人を滅ぼすだけが敵討ちじゃないさ

## 和々が考える守知

　彼は幼い頃から、南山王・他魯毎の弟である父（守忠）から南山滅亡と尚巴志（第一尚氏）王統についての恨みつらみを聞きながら育ち、いずれは敵討ちをという思いを託されていたかもしれません。彼は尚真の養父として王宮に入り、孫娘を側室に入れ尚清王を生ませたことで、南山の血は代々の王様に受け継がれることになります。これも彼が狙った敵討ちの形なのかも？

　なお、尚真は守知にすごく懐いたようで、守知が亡くなった時、46歳の尚真は葬列を見送り号泣したと言われています。

# アマミキヨ・シネリキヨ
《神話》

琉球の創世神話で、天より舞い降りて沖縄の島々をつくったとされる神。一般的にアマミキヨが女性、シネリキヨが男性とされる。

豊かなシマに、なりますように…

## 和々が考えるアマミキヨ・シネリキヨ

　　天帝から使命を与えられ降臨し、国土づくり、御嶽づくり、人づくりなどを行ったと言われています。
　　戦前までアマミキヨをかたどったとされる神面が残されており、数年前に再現されました。なんと、不思議なことにそこには二本の"ツノ"が…!!
　　そこで、人間とは違う存在の表現として、この本の神様たちはみんな、ツノのあるビジュアルにしてみました。

# キンマモン
《神話》

聞得大君によりつく神で、琉球最上級の神。琉球の国と人々を守護するために出現する。

> 安心して私に守られてくださいませ

## 澪之助が考えるキンマモン

琉球の最高神であり、祝福と守護の神。全てを包み込む母のような存在。
普段は海の底に住んでいて、毎月琉球の地に降り立っては、いろいろな場所に訪れて遊んでいるようです。降り立っても人々の目に映ることはほとんど無いので気付かれないことが多いけれど、本人は全然気にしてない様子。
彼女が降り立つ時、安須森御嶽のアフリ嶽に涼傘の雲がかかることと、普段は海底で過ごしていることから、服装は涼傘と海をイメージしてデザインしました。

## ❖擬人化
# 琉球七御嶽
りゅうきゅうななうたき

琉球の創世神話で、神アマミキヨが沖縄に降りたち、最初につくった七つの聖地（御嶽）。

### クボー御嶽
うたき

久高島にある御嶽。人付き合いはあまり好んではいなくて、めったに人前に姿を現しません。無口で近寄りがたい雰囲気を放っています。ごく限られた者しか、その顔を見ることはできません。

そこに立ち入ってはいけません…

ケガはありませんか？

### 今帰仁のカナヒャブ
なきじん

今帰仁グスクの御内原にある御嶽。七御嶽の中で唯一の男性。今帰仁グスクの霊石を守る役目もつとめていて、結構強い。普段は隠していて見えてはいませんが、身体にはたくさんの切り傷のあとがあるらしいです。

雨を降らせてほしいの？

### 玉城グスク
たまぐすく

玉城グスク内の主郭にある御嶽。二色に分かれた髪色が特徴。少しおてんばな性格。雨乞いの儀式を得意としています。雨を降らせたいなら、彼女にお願いするといいかも！？
夏至の日には城門から朝日がまっすぐ差し込み御嶽を照らす、ということから穴と太陽をデザインに取り入れました。

足下にはお気を付けて…

# キラキラ擬人化／琉球七御嶽

## 知念森・斎場御嶽

琉球の未来を見すえましょう！

知念グスク内の御嶽と聞得大君の就任式が行われる御嶽。三角状の巨岩（三庫理）が有名。今回は斎場御嶽のみをキャラクターとして表現しました。七御嶽組のリーダー的存在で、頼りになるお姉さん。聞得大君の御新下りの儀式をうけもっていて、その仕事を誇りにしています。霊水と壺を利用した占いが得意。男性はちょっと苦手。

## 首里森・真玉森御嶽

見守りましょう…すべてを

首里城内にある御嶽。首里森と真玉森は二つセットで記録されていることから、一人で二つの人格を持っているという設定にしました。けれど、真玉森のあった正確な場所が不明ということから、真玉森の人格が出てくることは少ないようです。

## 藪薩の浦原

見所はいっぱいありますよ♪

玉城の百名海岸付近。近くには稲作発祥の地「受水走水」がある。おっとりした性格で、家庭的。彼女の作るお米は絶品！ほかの六人も大のお気に入りで、毎年彼女が送ってくれる新米を楽しみにしているのだとか。時々浜辺に下りて遊んだり、アマミキヨが訪れるのを待っているんだとか。

## 安須森御嶽

国頭の辺戸岬近くにある巨大な岩山。七御嶽の年長者で、落ち着いたお姉さん。いつも高いところに登っているか、空を飛んでいることが多いです。涼傘をイメージした笠は、キンマモンを表してかぶっています。

## ✤擬人化
# 佐敷グスク

もともとの尚巴志の居城。土で作られたグスクで、斜面に四段の平場がある。土の表面にだけ石垣を貼り、外見上は石垣のグスクのように見せた。

どう？かっこよくみえる？

### 澪之助が考える佐敷グスク キャラ

敷地内にノロ殿内などがあることから、武力よりは霊力のほうが高いです。

他のお城にある石垣にすごく憧れています。少し見栄っ張りなところもあるようです。

自分の見た目を気にしていて、強く見えるようにいろいろと試行錯誤しています（笑）。

農作業が好きで、鉄で農具を作るのも得意です。

## ❖擬人化
# 島添大里グスク

南山最強の大里按司の居城。尚巴志に滅ぼされると、首里城に移るまでの第一尚氏の拠点となり、旧王宮として尚泰久の頃まで使われた。

キラキラ擬人化／島添大里グスク

ここから見る景色が一番好きなんだよ

### 澪之助が考える島添大里グスク キャラ

かつて南山最強を誇る城だったため、戦闘力も高ければ、防御力も高い、戦いのプロ。しかし過去に一度大ケガを負ってしまい、まだ治っていない傷が多くあるようです。

大人の余裕があり、どこかつかめない性格。視力がとても良い。高いところから景色を見渡すのが好きです。

## ❖擬人化
# 浦添グスク
<うら   そえ>

首里城に移るまでの中山王の居城。石垣の外側に土の城郭、堀を配置した沖縄最大級のグスク。高麗(朝鮮半島)系の灰色瓦ぶきの正殿があった。

## あまりいい気にならないでほしいなぁ…

### 澪之助が考える浦添グスク キャラ

かつては中山の拠点として大いに栄えていましたが、都を首里に移された事により、首里城に対して少しコンプレックスを抱いています。その上、繁栄と荒廃を繰り返したことで、だんだんと内気でネガティブな性格になっていったようです。
城壁の上から夕暮れの空と浦添の街を眺めるのが好き。繁栄していた過去を思い出して涙を流すことも…?

## ❖擬人化
# 安慶名(あげな)グスク

安慶名大川按司の居城。石灰岩の丘陵をうまく使い、自然の洞窟を城門にする。石垣には東西南北の方向に開けられた二つの穴がある。

くぅ～！この迫力、たまんねぇぜ！

### 和々が考える安慶名グスク キャラ

空手と琉球古武術の達人。中でも鉄甲術がお気に入り。でも、自らケンカをしかけることはない。

こう見えて意外と世話好きで頼りがいのあるお兄さんキャラ。闘牛観戦が大好き。

マントとジャケットで安慶名グスクの特徴的な城門を表現しています。

## ❖擬人化
# 越来グスク

王子時代の尚泰久や、第二尚氏の尚宣威の居城。1457年にはグスクの建物に「魏古城の鐘」が掛けられた。

美しいものは、いいものです

### 澪之助が考える越来グスク キャラ

あまり多くは語らないけれど、子供好きな優しくておとなしい性格。戦や武術よりは舞踊などの芸事が好きで、よく綾庭と呼ばれる庭で踊っていました。

趣味は庭仕事で、お気に入りは椿の木とミカンの木。

越来グスクのある山は、おもろ（神歌）で《鷲の嶺》とも呼ばれていたことから、鷲の羽をイメージしました。

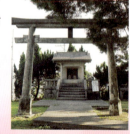

## ❖擬人化
# 名護グスク

名護按司の居城。石垣のない「土のグスク」で、北部でも有数の大きさ。山の斜面を切り開いて平場をつくり、二重の堀切でグスクを守った。

もうすぐ桜の季節が来るね♪

### 和々が考える名護グスク キャラ

農業が得意で庶民的な男の子。親しみやすくゆるい性格。桜の季節になるとテンションが上がっちゃう（そしてドジる）。やや濃い目の肌は日焼けではなく地黒。

アグー豚はペットの「クルー」。明国からやってきたそうです。

袖の段はグスクの郭を、裾やズボンの切りこみは堀切を表現しています。

❖擬人化
# 伊是名(いぜな)グスク

伊是名島の三角状の山にあるグスク。一説には尚巴志の祖父・鮫川大主が住んでいたという。ふもとには第二尚氏一族の墓・伊是名玉御殿がある。

## 風の声をきいているんだ

### 和々が考える伊是名グスク キャラ

伊是名グスクで一番目を引くのがピラミッドともいえるほどの見事な三角形の山！この三角形を前面に出したデザインにしました。県指定天然記念物のイワヒバ群落やお墓を含むことから、性格はいたってもの静か。帽子から顔を見せることもまれで、多くの謎を秘めたミステリアスな男の子です。年に一回行われる公事清明祭がひそかな楽しみ。

## ✤擬人化
# 中山門・守礼門

首里城外のメインストリート、綾門大道に立つ二つの飾りの門。1428年に中山門が、1500年代に守礼門が建てられた。二つとも同じ形をしている。

よーこそ、お越しくださいましたっ♪

これはこれは、お疲れでしょう

### 和々・澪之助が考える
### 中山門・守礼門 キャラ

控えめで落ち着いた性格の兄（中山門）と、目立ちたがり屋でちゃっかり者の弟（守礼門）。タイプは違うけれど兄弟仲はいい。二人ともフレンドリーな性格で、人々と触れ合うのが大好き。
　中山門は灰色瓦の時の姿を、守礼門は現在の姿を元にデザインしました。

## ❖擬人化
# 龍樋
りゅうひ

> 首里城瑞泉門前にある湧き水。王など身分の高い者の飲料水として使われた。水の出口には石製の龍の彫刻が付けられる。彫刻は1523年に中国から持ってきた。

きれいな水はいかがですか？

### 澪之助が考える龍樋 キャラ

　王族など限られた人たちとしか関わっていなかったことから、冷たい性格だと思われがちですが、人と触れ合うのは大好き。仕事をまかされるのも好きで、自分の役割にとても誇りを持っています。
　中国出身。突然琉球の地に連れてこられたことに最初は戸惑っていましたが、だんだんと琉球に馴染んでいったようです。

## ❖擬人化
# 森の川

宜野湾市大山にある湧き水（カー）。察度の母と伝わる天女のはごろも伝説がある。

不思議な出会いをお求めですか？

キラキラ擬人化／森の川

### 澪之助が考える森の川 キャラ

羽衣伝説の残る泉。自然を愛していて、世話好きな母性あふれる女性。とてもおおらかで心優しいけれど、かなりの天然さん。自分でも気付かないドジをしたり、親切が空回りしてしまうことも…。母親の面影を求めてときどきやってくる察度のことを気にかけている様子。彼女のもとを訪れると、なにかいい出会いがあるかも…!?

89

## ❖擬人化
# 長虹提
### ちょうこうてい

沖縄本島と那覇の浮島をつなぐ全長1キロの人工海中道路。1452年、懐機によって築かれた。天照大神に祈って難工事を終えたとの伝説がある。

**自然への感謝を忘れませぬよう**

キラキラ擬人化／長虹提

### 和々が考える長虹提 キャラ

立ち振る舞いの美しい、凛とした女性。だけど、昔は頑固なところもあったのだとか。身長が高い。さざ波のような透き通った声と舞いが得意で、人々を魅了します。
　工事終了後、懐機は神に感謝し神社と寺（長寿寺）を建てたことから、神道と仏教のアイテムをミックスして描いてみました。

## ❖擬人化
# 今帰仁のハンタ道

今帰仁グスクから城下の村々を通り、海岸近くまでつながるメインストリート。岩だらけの険しい山道。沿道にはノロ屋敷やミームングスク(物見台)などがある。

## ほら！しっかりしな！

### 和々が考える今帰仁のハンタ道 キャラ

自然の岩をそのままに残すハンタ道はかなりの険しさ！しかし祭祀の時には神道でもあったということで、女性のごっつい系のキャラクターになりました。遠慮なくズバズバものを言うきっぱりとした性格の姉御肌。他人にも自分にも厳しいです。筋トレが日課。

ハンタ道で実際に見ることのできる様々な植物をまとっています。

## ❖擬人化
# 進貢船

> 琉球王国が中国をはじめアジア各地との貿易で使った大型木造船。中国式の「ジャンク」というタイプ。

海のことなら
オレにまかせろよッ！

### 澪之助が考える進貢船 キャラ

明るくポジティブで、豪快な性格。体が大きくて力持ち。荷物運びが好き。クジラやサメを追い払ってしまうほど眼力が強いので、彼に睨まれるとトラウマになってしまうとか。中国生まれの琉球育ち。身体や服などに大量の武器を隠し持っていて、ピンチになるとそれらで戦います。

沖縄県立博物館・美術館蔵

## ❖擬人化
# 千代金丸(ちよがねまる)

> 琉球王家に伝わる宝刀の一つ。もとは北山王攀安知の愛用の刀で、北山滅亡後に中山王家に渡った。

## 守るべきものを守りたいんだ

### 澪之助が考える千代金丸 キャラ

　金色の豪華な衣装が特徴。琉球宝刀トリオのリーダー的存在。高貴な育ちだけれどフレンドリーな性格で、他の二人からも信頼されている。

　日本語も中国語も琉球語もできちゃうトライリンガル(!?)。敵は斬り、主人は守る。冷たくて暗い所が少し苦手。川にはちょっとだけ恐怖心があるとか…？

那覇市立歴史博物館蔵

## ❖擬人化
# 治金丸(じがねまる)

琉球王家に伝わる宝刀の一つ。1522年、宮古島の仲宗根豊見親から尚真王に献上された。王家の宝刀として伝えられた。

…出かけるなら近場で頼む

### 澪之助が考える治金丸

刃を研いでもらうため京都へ行った時に、名刀すぎて盗まれたという伝承があるため、遠出には少し抵抗があるみたい。
宮古島の出身で、しゃべると方言のせいで会話が通じなくなってしまうのを寂しく思って落ち込むことも。千代金丸や北谷菜切に比べると無口。たまに京都弁が出ます。特技は琉球空手。

那覇市立歴史博物館蔵

## ❖擬人化
# 北谷菜切（ちゃたんなーちりー）

> 琉球王家に伝わる宝刀の一つ。脇差し。伝説では刀を振っただけで遠くのものが切れたという。

## あんまり近づきすぎると危ないかもよ？

### 澪之助が考える北谷菜切

青貝螺鈿のキレイな衣装がお気に入り。他の二人に比べて好戦的。愛嬌があって甘え上手なキャラですが、本当は計算高い小悪魔な性格。自分の可愛さをわかっている世渡り上手な子です（笑）。もともと包丁だったこともあって、料理が得意。本人の意思とは関係なく相手をケガさせてしまうことがあるので、他人に気安く触れられないことを気にしているようです。

那覇市立歴史博物館蔵

# あなたは〈現代版組踊〉を知ってますか?

あなたは〈現代版組踊〉を知っていますか?

　〈現代版組踊〉とは、1999年に南島詩人で演出家の平田大一氏によって立ち上げられた舞台活動で、沖縄の伝統的な古典劇『組踊』の「音楽(地謡)」「舞踊(舞方)」「台詞(立方)」の3つの構成を、現代風にアレンジして再構成・展開しているという舞台スタイルからこう名付けられています。
　地域に根差した活動として、その地域の子どもたちが地元の歴史・人物を題材に演じているのが特徴で、劇中には琉舞、エイサー、空手など、地元の民俗芸能や伝統芸能なども組み込まれ、沖縄の歴史文化を気軽に楽しむことのできる"古くて新しい"圧倒的感動舞台と評判です。
　県内外に16の活動団体を持ち(2017年12月現在)、それぞれ定期公演や、地域イベント参加などの活動を行っています。

# 〈現代版組踊〉団体紹介！

あなたは〈現代版組踊〉を知っていますか？

### 【今帰仁村】 北山てぃーだの会

●攀安知　●本部平原

### 【浦添市】 浦添ゆいゆいキッズシアター

●尚寧　●アオリヤエ

### 【久米島】 久米島現代版組踊実行委員会

●ガサシワカチャラ

### 【石垣島】 やいま浪漫の会

●オヤケアカハチ

### 【伊平屋島】 伊平屋ちむドン！キッズシアター

●屋蔵大王

### 【金武町】 當山久三ロマン執行委員会

●當山久三

### 【うるま市】 あまわり浪漫の会

●阿麻和利　●百十踏揚　●大城賢雄

### 【那覇市】 那覇青少年舞台プログラム
●玉城朝薫　●察温　●平敷屋朝敏

### 【全県】 一般社団法人 島人Lab／一般社団法人 TAO Factory

●尚巴志　●護佐丸

### 【県外】
- 【北海道】／チーム絆花（一般社団法人　未来工房）
- 【福　島】／（株）カズ・ドリームプロジェクト
- 【大　阪】／大阪狭山キジムナーの会
- 【鹿児島】／いさッ！感動体験みらい塾
- 【鹿児島】（徳之島）／結シアター手舞
- 【全　国】／てぃんぬむい〜星結踊〜

○印はその団体が演じている主な登場人物名です。

あなたは〈現代版組踊〉を知っていますか？

## 〈現代版組踊〉を楽しむためのイロハ

**イ ちょっとだけ早く行って、観劇前にパンフレットのあらすじや人物相関図などに目を通しておこう**

〈現代版組踊〉は歴史劇なので、前もってあらすじを頭に入れておいたほうがより舞台を楽しめます！舞台によっては、劇中に出てくる専門用語の解説や、方言台詞の訳が載っている場合も。

**ロ 最初からすべてを理解しようとしなくてもOK！理解よりも、感じることを大切にしよう！**

専門的な内容や言葉、セリフが聞き取れない時などもあるかもしれませんがノープロブレム！まずは物語全体の流れや雰囲気を楽しんで♪

**ハ 座席選びもこだわってみよう**

中通路での演出や演舞を満喫したいときは全体が見える後ろ側を、演者さんたちのこまかな一つ一つの演技や表情を満喫したいときは前方がおすすめです。
指定席の公演の場合は、HPやチラシなどにホール座席図が掲載されていることもあるので、チケット購入する際にはチェックしておくと吉☆

つぎのページからは実際の〈現代版組踊〉の舞台レポートだよ！

舞台観劇レポby澪之助

# 肝高の阿麻和利

勝連グスクで"幻の村祭り"を目撃し、肝高神から巻物を託された現代の子どもたち。それにより阿麻和利の真の姿をひも解いていく。勝連で"肝高"と称えられた、十代目勝連城主・阿麻和利の半生を描いた物語。

あなたは《現代版組踊》を知っていますか？

### 舞台観劇レポ by 和々

# 百十 〜MOMOTO〜

琉球王女で阿麻和利の妻、百十踏揚。阿麻和利が死んだ後、彼女はどのような人生を歩んだのか……。やがてクーデターを迎える怒濤の時代に、強く美しく生きた一人の女性の物語。

あなたは《現代版組踊》を知っていますか？

数ある現代版組踊シリーズの中でも、「とにかく泣ける現代版組踊」殿堂入り（和々認定）の舞台が、この「百十〜MOMOTO〜」。2012年1月の初演から毎回見ているのに、毎回涙している舞台は、これ以外にありません。

そしてなにより！女性が主人公ということもあって、胸キュン要素も満載♥♥♥ラブラブ描写は『肝高の阿麻和利』の1・5倍増しです！（当社比）

この舞台は『肝高の阿麻和利』の続編として、阿麻和利が死んだあと、百十踏揚がどう生きたのかを描いた物語。

なので、もちろん単独で見ても楽しめる舞台ではありますが、『肝高の阿麻和利』を見た後に観劇するとより物語の深さを味わえます☆

さて、百十踏揚が夫である阿麻和利を亡くしたあと、その阿麻和利を討った大城賢雄（以後、賢雄と表記）と再婚するというのは史実。そんな所からも、阿麻和利⇔百十踏揚⇔賢雄の三角関係は非常に興味そそられる題材なのです。が、現代版組踊的には阿麻和利と百十踏揚はラブラブなので、阿麻和利を失った百十踏揚の嘆きや、"お国のため"を理由に賢雄に嫁ぐときの葛藤はそれだけで胸に迫るものがあります。

しかし子が生まれ母となり、阿麻和利のことを心に秘めながらも、賢雄を夫として受け入れてゆく…。そんな彼女にどっぷり感情移入して、見てしまう舞台です。

見どころの多い舞台なので、キュンときたりホロリときたりと、胸にぐっとくるであろうポイントを紹介したいと思います。

### ●ヒロイン・百十踏揚の強さ

肝高の阿麻和利では絵にかいたような麗しきTHE☆姫という感じですが、ここでは凛とした強さと美しさがあります。あの激動の時代になすすべなくただ流されてしまうのではなく、すべてを受け入れる強さ、そしてその上で大切なものを守ろうとする強さがあります。女から見ても惚れる、あこがれる！そんな感じです。

劇中、壮絶な最期をむかえる阿麻和利

や賢雄のシーンがありながらも、百十踏揚がちゃんと物語の主人公としてゆらがない、というのは、それに喰われないだけの魅力が百十踏揚にあるという証拠です。

●ヒーロー・賢雄のかっこよさ

ヒロインの相手役は必然的にヒーローの立ち位置。『肝高の阿麻和利』ではスパイとして悪役の一員だった賢雄がここではヒーローに昇格です！手をとって「何があっても、お前を守ってやる」なんて…一度は言われてみたいものです♥

父としての賢雄もとても新鮮です。金丸によるクーデターが起きた時、妻子を守るため新生王府軍に立ち向かうシーンはまさに圧巻の一言。

●二つの母子の愛

この舞台では二つの母子愛が描かれています。一つは実の母である王妃（護佐丸の娘で、尚泰久の妻）と百十踏揚。そして時が経ち、母になった百十踏揚と賢雄の間にできた息子・思徳金との母子愛。

母の強さ、愛の大きさ、そして子が母を慕う描写がリンクしているところも実にニクい。ただでさえ泣けるシチュエーションなのですが、実際に子を持つ母の立場の人にとっては涙腺崩壊必至です。

●とにかく美しい舞台演出＆音楽の力

照明、衣装、演舞…どこをとってもとにかく美しい！華やかな美しさだけでなく、静かな美しさ、力強い美しさなど、美しい舞台づくりにこだわっているのが分かります。美しすぎて泣けます。特にクライマックスの演舞、冒頭の琉歌のシーンなどはあまりの神々しさにひれ伏したくなります。

そしてテーマソングでもある「月照らす涙星」、母の想いを歌った「にぬふぁ星」など、しっとりと心にしみる楽曲たち。そのメロディーや歌詞が、登場人物たちの心情を実にうまく演出してくれています。ぜひ歌詞にも耳を傾けてみてください！

なお、カーテンコールでは各登場人物のアフターストーリーのような粋な演出も。私はここでもいつも涙してしまいます。

緞帳が降りきるまでが舞台です！最後の最後までお見逃しなく！

写真提供：池原喜史（4枚目を除く）

舞台観劇レポ by 和々

# 月光の按司
## ～ガサシワカチャラ～

久米島を治めていた伊敷索按司親子の物語。神に選ばれ、民に喜ばれた三男・ガサシワカチャラ。しかしその繁栄は、兄たちの恨みを買い、首里王府にも目をつけられることになる…。

あなたは〈現代版組踊〉を知っていますか？

　現代版組踊は沖縄本島だけでなく、周辺の島々にも多くの活動チームがあります。その中から、今回は久米島で活動している舞台をご紹介。メンバー数は20数名と少なめ（2017年9月時点）ではありますが、胸に秘めた熱い想いは他チームにも負けていません！

　演目は「月光の按司 ガサシワカチャラ」メインとなるのは 15 ～ 16 世紀にかけて久米島を治めていた伊敷索按司とその家族。伊敷索按司と側室との間に生まれた末息子・ガサシワカチャラ（以後、ワカチャラ）が主人公です。この本の笠末若茶良（P72）でも触れた通り、見事なまでのパーフェクトヒーロー！そしてその人気をねたんだ父である伊敷索按司によって殺されてしまうという悲劇っぷりも、いかにも…！ではありませんか。

　そんな歴史上のできごとを知識として頭に入れた上で訪れた久米島での初観劇。そこには新鮮な驚きが待っていた…！！

●予想外の父子愛
　観劇しての第一印象は、「お、お父ちゃん…！（´；ω；｀）」。歴史では主人公を死に追いやる、いわば"悪者"だった父が、単なる「悪」ではなく、同じ久米島のヒーローとして感じられるストーリー展開だったことにノックアウト！

　首里王府との関係、久米島を治める長として、私情だけで動くわけにはいかない責任や葛藤、そして覚悟。

　歴史にある通り、父はワカチャラを攻めるのですが、驚くワカチャラにこう叫びます。

　「お前は、わしや兄たちを差し置いて、久米島の平和を乱そうとしている！」

　ああ、そうくるか、お父ちゃん…！！本心を隠してわざと憎まれるようなことを言い、ワカチャラと対峙する。ここにお父ちゃんの愛が隠されている…！のちにワカチャラは父の本心を知るわけですが、その時に描かれる彼らの強さや弱さ、そして親子愛がじんとくるのです…。劇中にはワカチャラとの母子愛も出てくるのですが、個人的にはこの親子愛推し！ですね。

### ●女の子が演じる男性主人公

　主人公のワカチャラは言い伝え通り、ステキヒーロー☆でした。
　演じるのはもちろん全て久米島の中高生。この時は出演者全員が女の子で、ワカチャラも女の子が演じていたのですが、決して見劣りすることはなく、男の子とは違ったかっこよさがありました！現代版組踊では、男性主人公を女の子が演じる時が時々あるのですが、そういう時は宝塚的な魅力もかもしだされ、トキメいてしまいますね…(*´艸`)
　まさにキラキラ男子！！！うふふ♥
　年度ごと、公演ごとに出演者に違いがあるというのは現代版組踊の醍醐味です！（だから同じ舞台であっても、何度も足を運んでしまうのですよ♪）

### ●メイン以外にも注目♥

　さて、注目すべきは主人公格の役者だけではありません！例えば、ワカチャラが神に祝福されるシーン。こういう時にいい味を出してくれるのが実は"背景"にいるほかの役者たち。神に選ばれ、堂々とビジョンを語るワカチャラの背後で、嫉妬や怒りをむき出しにする兄たちや、正室、そして間に挟まれて複雑な心境の父・伊敷索按司！いつ、どこの誰を見ても、演技に気を抜いている役者は一人もいません。そのシーンのメインの人物を追っていくのももちろんいいですが、奥や端にいる人物たちに注目してみるのも面白いですよ！(物語をより深く味わうスパイスは、案外こういうところに隠れているのかも…！！)

### ●ラストシーンは1番の見せ場！

　ところで現代版組踊シリーズではたいてい、主人公が最期をとげるシーンが見せ場のひとつになっています。現代版組踊は基本的に当時の権力者（首里王府）とは反対にいる、地域のヒーローを描いているので、どうしてもそうなってしまうのですね(※例外もあります)。しかし、その見せ場がどれも息を呑む迫力！役者はもちろんですが、アンサンブルと呼ばれる踊り担当のメンバーたちが演出する戦いのシーンや最期のシーンの演舞、そして緊迫感や悲しみを盛り上げる音楽がどれも秀逸なのです。
　今回は久米島らしく、クメジマボタルを連想させる光の演出が、悲劇の中でありながらもとても美しく、たっぷりの余韻に浸れました。果たして、ワカチャラはどのような最期を迎えることになるのか…。瞬きするのも惜しくなるほどの見せ場です。とくとご覧あれ！

あなたは《現代版組踊》を知っていますか？

あなたは〈現代版組踊〉を知っていますか？

現代版組踊の魅力を語る

## 座談会
## だから、〈現代版組踊〉はやめられない！

### 座談会メンバー

● 「肝高の阿麻和利」
久米 優希（高校2年　役者）
宮平 華穫手（高校3年　バンド）

● 「那覇青少年舞台プログラム」
東 慎也（高校3年　役者）
中村 妃織（高校2年　バンド）

● 「北山の風」
上間 遼（高校3年　役者）
比嘉 涼（高校3年　役者）

● 「鬼鷲」
根間 彩葉（高校3年　女性アンサンブル）
岩切 里帆（高校3年　女性アンサンブル）

● 「TAO Factory」
森屋 菜津美（肝高の阿麻和利 OG）

司会　和々＆澪之助（琉球歴女）

※ 学年は2017年度時

―何がきっかけで〈現代版組踊〉に入ったの？

**久米**　自分は、中1から入ってて元々は男性アンサンブルでした。6コ上の姉が『肝高の阿麻和利』の女サン（女性アンサンブルの略称）をやっていて、その手伝いや公演を見に行ったりしていました。この時にワークショップやって「楽しい！」となって、その男サン（男性アンサンブルの略称）の先輩達に「じゃあ中学生になったら入ってよ〜」と言われて入りました。

**宮平**　自分は、中1の時同級生が『肝高の阿麻和利』に入ってて。それで『肝高の阿麻和利』を知りました。初めて観たとき、みんながとてもかっこよくて「自分もやりたい！」と思って、中2の時に入りました。兄の友達がキムタカバンドにいたのでバンドに行きました（笑）。

久米 優希

**中村**　自分も中学1年です。中学生になったらバンドやってみたいと思っていて、既に入っていた姉から「ここバンドあるからやってみたら」と言われたので入りました。初めて観た舞台は『那覇センセイション』です。

**東**　自分も姉つながりで（笑）、中1までは部活動に入ってたんですけど、それを辞めて那覇青少年舞台プログラムに入りました。

**和々**　兄弟姉妹つながりが多いですね。

それにしても、姉強し（笑）。では、次の上間君は…。

**上間** お姉ちゃんです（笑）。

（一同笑い）

**上間** えっと、自分も中1で、姉が現代版組踊の『北山の風』に関わってたのもあるんですけど、小学生の時に先生から「ちょっとこの子はどうして良いか分からないです…」っていわれるくらい問題児だったんです…（汗）。その状況を変えるために親が、現代版組踊を通して成長してくれればということで…半ば無理矢理？（笑）入ったって感じです。

**比嘉** 自分は小学校の時、昼休みに先輩達が学校の広場で（現代版組踊の）ダンスを踊っていたのを観てすごいと思ったんです。その時にチラシをもらって、自分から親に行きたいと言って観に行きました。そして中学に上がってすぐに入りました。

**根間** 中3から入ってます。小学生の時に『翔べ！尚巴志』（※「鬼鷲」の前身）を観てすごく憧れて、ずっとやりたいなぁと思ってたんですけど、（活動が休止になっていたため）中1と中2の2年間参加できなかったんです。でも中3の時に再開されて、その時はちょうど受験生で公演本番も受験日の二日前だったんですけど、ずっ

と憧れててやりたいという気持ちがあったので母と相談して入りました。

**岩切** 自分が最初に観たのは『肝高の阿麻和利』で、ずっとやってみたかったんですけど、家が南城市（地域外）だったので入れなくて…。沖縄全域で募集してたのが『翔べ！尚巴志』だったので（根間さんと同じで）2年間待って、中学3年生から入りました。

―舞台をやっていることへの、
　友達からの反応は？

**森屋** 自分がやってることを友達や学校の皆は知ってるの？

**久米** 自分からは言わない…けど、知られてました。

（一同うなずく）

**久米** 自分が阿麻和利で写っているポスターを同級生が見て「あれ？これ久米じゃん？」って（笑）

（一同笑い）

**森屋** 顔バレ（笑）

**久米** でも公演終わりに差し入れを持ってきてくれたりして。

**東** 自分も、友達に行動で分かるって言われて…。

**和々** えぇ！？どういうこと？（笑）ときどき役で喋ってるとか？

**東** たまに役に入ってるときの低い声が出ちゃうんですよ！「あ、やばい」ってなります（笑）。

**森屋** そしてなんかボーッとしてるときに（無意識に）踊ったりするんでしょ？

**東** はい！（笑）入って3年くらいまでは下校中に踊ってました。習ったばかりの

根間 彩葉

あなたは〈現代版組踊〉を知っていますか？

東 慎也

曲だったりとかは、振りをちょっとやってしまいますね。

和々　久米君もやったことありませんか？教室のほうきを阿麻和利の櫂(かい)代わりにしたりとか。

久米　やれとは言われますね（笑）まだ阿麻和利役じゃない頃に、友達がほうきをもってきて「阿麻和利の勝利の舞やって」とか。そのときは「わからんけど」って断りました（笑）。

比嘉　同級生は（公演会場から）家が遠いのでなかなかですが……、担任や学校の先生方はよく公演を見に来てくれて、応援してくれます。

### －メンバー同士はどんな感じ？

東　那覇は圧倒的に女子のほうが多いんですけど、男だからと肩身の狭い思いはあまりしたことは無いですね。男女関係なく仲が良いというか。でも舞台を作っていく中での（男女の）考え方の違いっていうものはありますね。

和々　そういうときは東君が仲介役になったり？

東　自分が全体のリーダーなんですけど、（こういう時は）副リーダーの女子に通訳をお願いしてます（笑）。

上間　北山も仲は良いです。自分がリーダーなんですけど、まとめるのがうまくなくて…毎日不甲斐なさばっかり感じてます（汗）。

和々　阿麻和利なんかものすごい人数ですけど、皆をまとめるときに意識していることってありますか？

久米　自ら声を出すようにしてます。あっちでもこっちでもワーワーしてるので、その騒いでる声よりも大きな声でこっちを向かせます。

和々　礼儀やルールを教えたりも？

久米　そうですね。男サンは普段きむたかホールの入り口のところで練習してるんですけど、人が来たらちゃんと挨拶するようにだとか、お礼を言うだとか。当たり前のことをちゃんとするっていうのを教えたりしています。

森屋　でもそれ以外は結構フランクですよ。上下関係もあまり無かったりとか。ちゃんとするところはちゃんとして、あとはフランクって感じですね。

### －こんなところが変わった！

和々　舞台活動を通して自分自身が変わったなと感じる所はありますか？

上間　社交性が出てきたかなとは思います。高校生になってからは友達や先生方ともちゃんと接することが出来るようになりましたし、だいぶ人としてマシになってきたかなと（笑）。

比嘉　自分は昔は落ち着きが無くて、いろんな人にしょっちゅう迷惑をかけてたんですけど、今は前よりも気が長くなって、迷惑をかけることは無くなってきたかなと

思います。

**上間** （比嘉君は）いろんなことがすごく丁寧になったよね。最初はコミュニケーションを取るのがすごく苦手みたいだったんですけど、今は積極的に人と関わるようになってます。自分も彼も、お互いに変わったなとすごく思います。

**中村** 歴史にめっちゃ興味持つようになりました。自分は図書委員で図書館にいる時間が多かったので歴史に関する本をたくさんあさりました。『琉球戦国列伝』も…。

**和々** ありがとうございます！

## －史跡にまつわるありんくりん

**澪** お気に入りの史跡とかありますか？ 自分は高い場所にある史跡が好きで、中城城とか城壁の上ではなく芝生の所に座って城壁や景色を見るのが好きです。周りに何も無いから空に浮かんでるように見えるんです。

**根間** そんなに頻繁には行けないんですけど、今帰仁城が好きです。あの雰囲気が。なんていうんだろう…こう……（なにか雰囲気を伝えようとするジェスチャー）

（一同笑い）

**和々** 確かに南部のグスクとはちょっと雰囲気が違ってワイルドですよね。

**宮平** 自分も空に浮かんでいるようなグスクが好きです。

**中村** 自分はまだ他のグスクとか行ったこと無いんですけど…首里城はよく行きます。ちょっと遅い時間に帰るときにライトアップされた首里城を見たり、首里城の近くを通ったりします。

**久米** 自分はやっぱり勝連城ですかね。

比嘉 涼

他のグスクと石積みの大きさとかがやっぱり違うじゃないですか、ちょっと大きめで…そういったのが面白くて。

**森屋** 勝連城はやっぱりホームだと勝手に思ってます（肝高の阿麻和利OGで地元でもあるので）。あと阿麻和利様のお墓を見たときは、ちょっと、悪い意味での衝撃を受けたのは覚えています。中3のときに皆で行く機会があって、それで阿麻和利様のお墓を見て、ちょっと寂しいなぁ…って思いましたね。

**和々** 墓と言えば尚巴志の墓も阿麻和利と同じ読谷村にありますが、初めて見たときは「うおぉ！」ってなりましたね。辺り一帯の雰囲気に鳥肌が立ちましたね。

**岩切・根間** わかります！ 風がブワァってなった時、「うおぉ…！」って！（笑）

**和々** 周りが森だからっていうのも大きいかもしれないですね。あそこは開発とかされないで守っていってほしいですね…。

**東** 自分は姉が玉城朝薫の役をやっていたときに、玉城朝薫のお墓に行ったことがあります。朝薫のお墓もなかなか分かりづらいところにあって、ここにあるんだ！？ってビックリしました。

**上間** 『北山の風』は今帰仁城で公演するので、そばで演じていてとても安心感がありますね。また、毎回ラストの《ダイナミッ

あなたは《現代版組踊》を知っていますか？

上間 遼

あなたは〈現代版組踊〉を知っていますか？

ク琉球》でグスクに向かって礼をしたりしてます。

**和々** 確かにグスクに向かっての一礼は他の現代版組踊でも行われていますね。モデルとなった史跡や人を誇りに思い尊重するという、現代版組踊のポリシーが垣間見れますね。

― 不思議体験はありますか？

**和々** 舞台をやってての不思議体験とかってあるんでしょうか？

**比嘉** たまに感じたり見えたりすることがあって、気配、とか…頭痛がしたりとかよくありますね。

**和々** 比嘉君は（北山を攻めた）尚巴志役だから、北山の霊に攻撃とかされるのかな。

**久米** 僕、ちょっと霊感あって…体験的なのは結構あります。自分が中学生の時に、舞台袖に置いてあるライトのそばに阿麻和利様が立っていたり、グスク公演時に後ろから名前を呼ばれたり…などいろいろありました。自分の叔母さんも感じる人で、勝連城へウートートー（御拝）しに行ったら阿麻和利様と百十踏揚様がいて、「いつも見てるよ、子供達が舞台をやってるのを」と言ってたのを聞いたりしたみたいです。

2017年の7月公演の時も……（以下、ヒミツ♥）
（一同「…ぅおぉ…！！」「マジか！」）

**森屋** 『肝高の阿麻和利』の首里のシーンでは旗持ちの人たちがよくイタズラされてるらしいですよ（笑）。ずっと立ってるだけなのに誰かに触られたりとか。でも、きむたかホールでそんなことが起こっても「見守られてるんだよ」っていう感覚です。悪いことではなくて。

**中村** 那覇は公演中に（玉城）朝薫とか（平敷屋）朝敏が観に来てるのを役者の子が見たっていう話は聞いたことがあります。自分の姉も少し霊感があって、降りてきてたという話をしてました。

**澪** けっこう見に来てくれるんだね（笑）。

**森屋** お客さんからも見える方々からは、観に来てたよ～！という声はよく聞きますね。客席に、尚巴志の席、阿麻和利の席、百十踏揚の席って作ってた時期もありましたね。

― 役作りするにあたって
意識していることは何ですか？

**和々** 偉人たちの人物像を、自分なりに自由にイメージしてみるというのがこの本のテーマでもあるんですが、役者の皆さんは役作りで意識していることはありますか？

**久米** 自分は単なる役にしたくなくて、自分が加那（※阿麻和利の童名）や阿麻和利そのものになるという気持ちです。一幕の加那は庶民っぽく元気にはっちゃけてるみたいな感じで、笑い声も大きかったりギャグが似合うようなキャラクターで、二

中村 妃織

幕は位が上がって按司になるので声のトーンだったりを意識してます。

**東** 自分はまず蔡温に関する資料は調べられる範囲で全部集めて、こういう人なんだろうなっていうのを想像して、そしてどんどん役作りしていきます。あと自分の中で決まり事があって、舞台に立つ前に壁に頭をぶつけて瞑想して、そのときに蔡温を自分に降ろして、行くっていう事をしています。

**和々** 気合い入れみたいな感じですか(笑)。

**東** そうです！気合い入れみたいな感じで、蔡温を降ろしてくる風に(笑) でもそうするとかなりうまくいくんですよ。本当にうまくいったときは舞台上での記憶が無くなるくらい。

**和々** 舞台での蔡温はもう一人の主人公、平敷屋朝敏と対立する難しい立ち位置のキャラですが、そこのバランスはどう意識してますか？

**東** そうですね…自分の中では逆のことを伝えようと思ってるんですよ。お客さんからは悪役のイメージが強いと思われるけど蔡温は琉球のために行動していたので、それが正義なのか悪なのかということは自分の中でよく考えて「これは国を変えるための犠牲であって、仕方が無い」と思っ

てやっています。悪役みたいには演じるんですけど、本当はこんな事をしたくないんだよという苦悩が伝わるように演じています。

**和々** 『北山の風』の主人公・本部平原は、同じ現代版組踊の中でも『鬼鷲』では悪っぽかったりしますが。

**上間** う〜ん…自分は本部役をもらう前に今帰仁城が出している冊子を読んでいて、その冊子に出てくる本部は悪役で書かれてたんですよ。でも『北山の風』の台本をもらって読んだら真逆のいい人なので、『北山の風』の本部は全くの別人だと考えています。あと、一番は「本部になりきろう」じゃなくて「自分が本部だったらどういう動き、どういう喋りをするか」っていうのを考えて演じています。

― 〈現代版組踊〉の魅力とは？

**根間** やっぱりどこの舞台にもいる女性アンサンブルですかね。現代版組踊ならではだと思うし、女サンの華やかさがあってこその現代版組踊かなと。

**岩切** 役者も、女サンあっての役者だと思うんで！(笑)

**和々** 確かに、一番人数も多くて華やかで、ある意味わかりやすいですよね。私

宮平 華穫手

あなたは〈現代版組踊〉を知っていますか？

あなたは《現代版組踊》を知っていますか？

岩切 里帆

も初めて現代版組踊を見た時はアンサンブルの演舞力に圧倒された気がします。宮平さんはどうでしょう？

**宮平** ……（長く考えて）…役者の顔…？（一同笑い）

**森屋** なかなかマニアックな（笑）。でも、役者の顔を間近で見れるのはバンドの特権ですからね！

**中村** 自分はだいたい舞台下の下手辺りにいて打楽器をしているんですけど、めっちゃ役者の顔を見ながらやってます。

**宮平** きむたかバンドはポジションが舞台下のバンドピットから舞台上に変わって、役者や女サンなどの表情も見えやすくなったので、悲しいシーンなどを歌う時にもっと感情が入り込めるようになりました。

**和々** そういえば現代版組踊の中でも、現役生のバンドがあるのは（沖縄では）那覇青少年舞台プログラムと『肝高の阿麻和利』だけですね。演奏も中高生がやってるのを知ると結構ビックリする方々は多いと思うんですけど。

**森屋** そうですね。やっぱりバンドはプロの方がやると思い込んでる人って多くて、音楽も中高生がやってるんですよというと「そうなの！？」とすごく驚きますね。

**和々** 生で、しかも中高生達が演奏しているっていうのも見どころですね。

**東** 現代版組踊は、歌・ダンス・役者という他の舞台にはないこの3つの要素が合わさって出来ている舞台なので、それを全部楽しめる、観られるというのが現代版組踊の楽しみ方だと思っています。

**久米** 役者もアンサンブルもバンドも手の先の細かいところまで全部こだわって美しいので、細かいところまで注目して欲しいです。それぞれの部門があって現代版組踊が出来るので、どれも欠けてはいけないと思っています。

**上間** 現代版組踊って参加できる年齢が決まってるので、ここまでしかできないっていう制限がある舞台だからこそ、一生懸命さがより伝わるところが魅力的だと思っています。

**宮平** 自分も同感です！

**和々** 確かに、期間限定だからこその、そのときにしか出せない、熱いものってありますよね。甲子園を見て感動するのと同じで、まさに青春というか。その一生懸命さに感動する。

**岩切** みんなプロではないじゃないですか。ダンスも演技も。そんな皆が、本番に向けて一生懸命やるというところが好きですね。プロじゃないけど、素人なりに頑張っているというところに私自身、心動かされます。

森屋 菜津美

和々　私の思う現代版組踊の魅力はもう一つあって、演じている皆さんが普通の学生だからって言うのもあると思うんですよ。もしも皆さんが舞台を仕事としているプロの劇団員のだったら、またちょっと違うかなと思います。学校行って部活行ってテスト受けて…という普通に学校生活を送っている普通の学生達が、こんなに高いレベルの舞台を作り上げているっていうのが、いい。だからこそ応援したいという気持ちも沸き上がってくるし、見るたびに変化があり飽きないからまた観に行こうって思わされるところかなぁって思います。

上間　見てくれたお客さんが自分たちの舞台から何かを感じて、自分の生きていくパワーしていってほしいし、力になれればと思っています。

和々　ありがとうございました。これからもステキな舞台楽しみにしています！

## 〈現代版組踊〉の活動・主な受賞歴

2000年
(あまわり浪漫の会)「肝高の阿麻和利」初演。うるま市(当時:勝連町)の中高校生を中心に活動がスタート。

2001年
(浦添ゆいゆいキッズシアター)「太陽の王子」初演。浦添市の小中高校生を中心に活動がスタート。

2003年
(やいま浪漫の会)「オヤケアカハチ」初演。石垣市の小中高校生を中心に活動がスタート。

2004年
(當山久三ロマン執行委員会)「當山久三物語　未来の瞳」初演。金武町の小中高校生を中心に活動がスタート。

2005年
(那覇青少年舞台プログラム) 初演。那覇市の小中高校生を中心に活動がスタート。
(一般社団法人TAO Factory) 文化を軸とした仕事づくりに取組み、現代版組踊卒業生たちの夢の実現・新しい活躍の場とし活動がスタート。
(あまわり浪漫の会)ふるさとづくり賞内閣官房長官賞

2006年
(大阪狭山キジムナーの会)「～新龍神伝説～風の声がきこえる」初演。大阪狭山市の中高校生を中心に活動がスタート。
(那覇青少年舞台プログラム)「那覇センセイション」初演。

2007年
(あまわり浪漫の会)沖縄振興功績賞

2008年
(伊平屋ちむドン!キッズシアター)「屋蔵大主物語～琉球王朝始まりの島～」初演。伊平屋村の小中学生を中心に活動がスタート。
(あまわり浪漫の会)地域づくり総務大臣賞団体表彰
(あまわり浪漫の会)沖縄タイムス賞創刊60周年記念特別賞
(あまわり浪漫の会)第10回朝日のびのび教育賞

2009年
(株式会社カズ・ドリームプロジェクト)「息吹～南山義民喜四郎伝」初演。福島県南会津町の小中高校生を中心に活動がスタート。
(あまわり浪漫の会)日本ユネスコ協会連盟「第1回プロジェクト未来遺産」登録

2010年
(北山てぃーだの会)「北山の風　今帰仁城風雲録」初演。今帰仁村の小中高校生を中心に活動がスタート。
(あまわり浪漫の会)サントリー地域文化賞

2011年
(一般社団法人未来工房)北海道恵庭市の小中高校生を中心に活動がスタート。
(あまわり浪漫の会)ティファニー財団賞「伝統文化大賞」
(やいま浪漫の会)子ども若者育成・子育て支援功労者表彰内閣府特命担当大臣表彰

2012年
(てぃんぬむい～星結節～)東日本大震災をきっかけに心の支援を目的として、現代版組踊卒業生を中心に活動がスタート。

2013年
(久米島現代版組踊実行委員会)「月光の按司　笠末若茶良(ガサンワカチャラ)」初演。久米島町の中高校生を中心に活動がスタート。

2014年
(一般社団法人島人Lab)「鬼鷲～琉球王尚巴志伝」上演。沖縄全島の中高校生を対象に活動をスタート。
(いさっ!感動体験みらい塾)鹿児島県伊佐市の小中高校生を中心に活動をスタート。
(那覇青少年舞台プログラム)博報財団より「日本文化理解教育部門」の博報賞を受賞

2015年
(結シアター手舞)「結－MUSUBI－」初演。鹿児島県徳之島全島の中高校生を対象に活動をスタート。

2017年
(いさっ!感動体験みらい塾)「鬼武蔵～TADAMOTO忠元」初演。
(やいま浪漫の会)沖縄県文化協会賞・団体賞

あなたは〈現代版組踊〉を知っていますか？

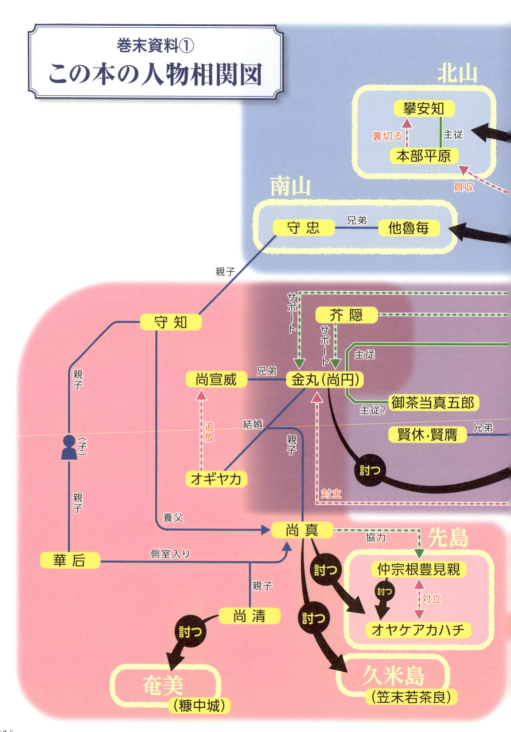

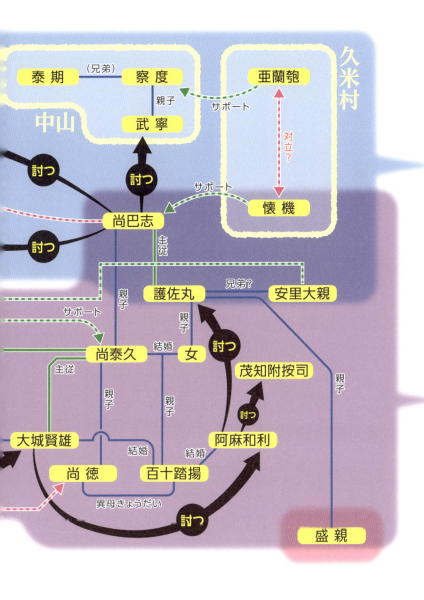

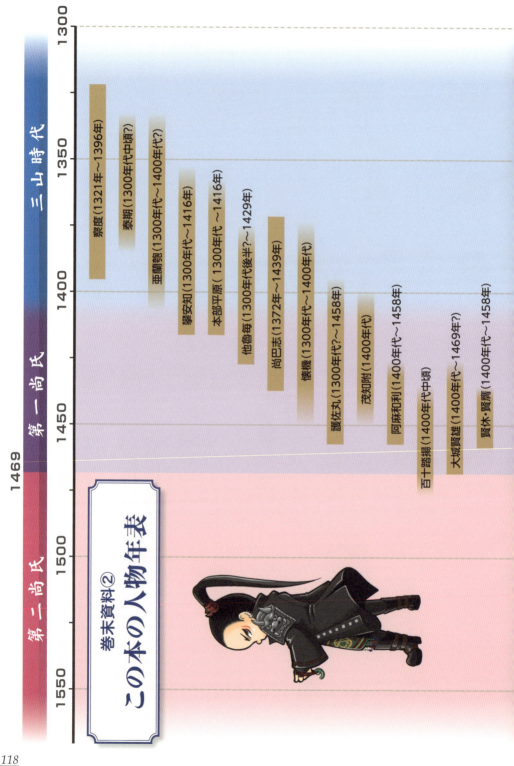

# あとがき

「琉球史の人物たちをキラキラに美化してみない？」と和々さんに誘われたとき、私は（ついにきたか！）と思いました。不安と心配もありましたが、日本史や世界史に引けを取らないくらいに浪漫にあふれた琉球史のことを、もっと多くの人に知ってもらえるチャンスかもしれない！と思い、嬉々として受けさせていただきました。

今回は多少の史実は入れながらも、年齢も性格も外見も全部自由！と、おもいっきりやらせてもらいました。イラストを描く事自体はとても楽しかったのですが、私の知識がまだまだ浅いため、アイディアを出す事がとても苦しく、自分の勉強不足を痛感しました。何もかも初めてのことだらけで、多くのことを学んだ反面、とてもたくさんのご迷惑をかけてしまいました。そんな中で、私の今出せる最大限の力と気持ちを込めたキャラクターたちが、読者様の中でどのように訴えかけ、どのような印象を残すのかとても楽しみです。そして、個性豊かで素晴らしい琉球の偉人達の良さが伝わっていたらいいなと願っています。

今現在世の中に多く存在している、歴史エンタメ作品がキッカケで歴史に興味を持つようになった私のように、この本が皆様にとって琉球史に興味を持つキッカケになってくれたら嬉しいです。

制作作業にあたって、本当にたくさんの方にお世話になりました。改めてこの場を借りてお礼申し上げます。（澪之助）

## 【主な参考文献】

『琉球戦国列伝』　（上里隆史／ボーダーインク／2012）
『誰も見たことのない琉球』
　　　　　　　　（上里隆史／ボーダーインク／2008）
『日本の美術No.533 琉球の金工』
　　　　　　　　（久保智康／㈱ぎょうせい／2010）
『中国古代甲冑図鑑』
　　　（劉 永華（著）／春日井 明（翻訳）／アスペクト／1998）
『日本甲冑史 上巻』（中西立太／大日本絵画／2008）
『伊是名村銘苅家の旧蔵品および史料の解説書』
　　　　　　　　　　　（伊是名村教育委員会／2007）
『紅型 琉球王朝の色と形』（サントリー美術館／2012）
『ほこらしや浦添型』（古琉球紅型浦添研究所／2017）
『訳注中山世鑑』　（諸見里友重／榕樹書林／2011）
『蔡鐸本中山世譜』　（原田禹雄／榕樹書林／1998）
『球陽 読み下し編』　（球陽研究会／角川書店／1974）
『琉球王女百十踏揚』（与並岳生／新星出版／2003）
『琉球三国志』　　　（加藤真司／学研／1995）
『新 琉球王統史シリーズ』
　　　　　　　　　　（与並岳生／新星出版／2005〜）
『真説阿麻和利考』　（高宮城宏／榕樹書林／2000）
『マンガ琉球・沖縄の歴史』
　　　　　　　　（上里隆史／河出書房新社／2016）
『三山とグスク』　　（座間味栄議／むぎ社／2012）
『沖縄のグスクめぐり』　（当間嗣一／むぎ社／1996）
『琉球王国ぶらぶらぁ散歩』
　　　　　　（おおきゆうこう　田名真之／新潮社／2009）
『沖縄戦国時代の謎』（比嘉朝進／那覇出版／2006）
『護佐丸全集』　　（新垣正雄／沖縄教文出版／1996）
『月代の神々』　（當真荘平／印刷センター大永／1985）
『図説 沖縄の城―よみがえる中世の琉球』
　　　　　　　　　（名嘉正八郎／那覇出版／1996）
『世界遺産グスク紀行―古琉球の光と影』
　　　　　　　　　（岡田輝雄／琉球新報／2000）
『沖縄の聖地―拝所と御願』
　　　　　（湧上元雄　大城秀子／むぎ社／1997）
『すぐわかる沖縄の美術』
　　　　　　　　（宮城 篤正監修／東京美術／2007）
『絵で解る琉球王国 歴史と人物』
　　　　　　　　　　（JCC出版部／JCC出版／2011）
『月刊たくさんのふしぎ　通巻326号 琉球という国があった』』
　　　　　　　　　　　（福音館書店／2012）
サイト明朝人物服装
https://dm.uuu9.com/大明衣冠/index.htm

---

琉球歴女の琉球戦国キャラクター図鑑

2018年6月15日　初版第一刷発行
著　者／和々・澪之助　発行者／池宮紀子
発行所／㈲ボーダーインク　沖縄県那覇市与儀２２６-3　https://www.borderink.com　tel 098-835-2777　fax 098-835-2840
印刷所／㈱東洋企画印刷
定価はカバーに表示しています。本書の一部をまたは全部を無断で複製・転載・デジタルデータ化することを禁じます。

ISBN978-4-89982-349-0 C0021　©Wawa&Mionosuke　2018 printed in OKINAWA Japan